双元制本土化项目成果教材

校企合作
产教融合型课程改革教材

公路与桥梁检测技术

主　编◎尹红燕　刘东霞　唐　莉
副主编◎周　琰　王秋云　周维彬

同济大学出版社
TONGJI UNIVERSITY PRESS
·上海·

内容提要

本书以工作任务、实训平台、典型案例为载体，基于满足道路与桥梁工程技术专业高级技能型人才培养需求进行编写，介绍了公路与桥梁的基本检测试验项目。本书体例新颖，内容丰富，符合初学者的认知规律，能满足项目化教学的要求。本书在对工程检测员这一岗位分析的基础上，设计典型工作任务，并构建课程学习情境（项目），以活页式工作手册形式呈现。

本书主要包括六个项目，分别介绍了土工试验、路面基层无机稳定结合料试验、路面现场质量检测、地基与基础检测、桥梁工程检测及无损检测的相关内容。每个项目中设计了“任务资讯”“制订计划”“决策”“试验”“控制”“任务评价”等环节，为检测新手入门提供了一些思路。

本书可作为高职院校道桥、土木、铁道、高铁、城市工程等相关专业的课程教材，也可作为交通建设行业从业人员的培训教材或自学资料。

图书在版编目（CIP）数据

公路与桥梁检测技术 / 尹红燕，刘东霞，唐莉主编；周琰，王秋云，周维彬副主编．-- 上海：同济大学出版社，2025. 1. -- ISBN 978-7-5765-1451-3

Ⅰ. U41；U446

中国国家版本馆 CIP 数据核字第 2024TT0745 号

公路与桥梁检测技术

主　编　尹红燕　刘东霞　唐　莉　**副主编**　周　琰　王秋云　周维彬

策划编辑　府晓辉　**责任编辑**　任学敏　**助理编辑**　韩　青　**责任校对**　徐逢乔　**封面设计**　渲彩轩

出版发行　同济大学出版社　www.tongjipress.com.cn

（地址：上海市四平路1239号　邮编：200092　电话：021-65985622）

经　　销　全国各地新华书店

印　　刷　苏州市古得堡数码印刷有限公司

开　　本　787mm×1092mm　1/16

印　　张　12

字　　数　235 000

版　　次　2025年1月第1版

印　　次　2025年1月第1次印刷

书　　号　ISBN 978-7-5765-1451-3

定　　价　56.00 元

编委会

主　编　尹红燕　刘东霞　唐　莉

副主编　周　琰　王秋云　周维彬

主　审　蔡　跃

前 言

习近平总书记在党的二十大报告中指出，高质量发展是全面建设社会主义现代化国家的首要任务，并再次部署要加快建设交通强国。目前，公路桥梁的建设在逐步扩张，同时也提高了对公路桥梁工程质量的要求。为了保障道路桥梁工程的施工质量，需要应用科学先进的试验检测技术对其相关指标进行严格的检测。

本书根据教育部颁发的《职业院校教材管理办法》指导精神，结合职业院校学生的特点，引入“活页式”教材理念，并整合工程试验检测员的真实工作内容进行编写。本书内容是按照工作任务的完成要求以及工作内容、工作过程进行设计，“引、教、学、做、评”环节清晰，实现了教学内容、岗位要求、能力结构及考核机制的统一与融合。本书通过完成16个工作任务，帮助学生形成项目化流程性思维，培养学生的能动性，使学生掌握工程检测初级岗位所需的核心知识和技能，培养学生的职业素养和正确价值观。

本书由重庆交通职业学院尹红燕、刘东霞、唐莉担任主编，重庆交通职业学院周琰、王秋云以及重庆交院和瑞工程检测技术有限公司周维彬担任副主编。本书由尹红燕负责统稿，同济大学蔡跃担任主审。

本书的编写得到了重庆交通职业学院各级领导及相关部门的大力支持，得到了重庆交院和瑞工程检测技术有限公司、中铁十一局集团有限公司、中铁八局集团有限公司等单位的支持和技术指导。同时，重庆交通职业学院交通建设专业的教师团队为本书的出版付出了辛勤劳动，在此向各位表示衷心的感谢！

由于编者水平有限，书中难免存在不妥之处，恳请读者批评指正。

编　者

2025年1月

目 录

项目一
土工试验

知识目标

1. 掌握土的含水率试验的试验原理、仪器、操作步骤及注意事项，掌握含水率的计算方法。

2. 掌握土的界限含水率试验的试验原理、仪器、操作步骤及注意事项，掌握锥入深度与含水率关系图绘制方法。

能力目标

1. 能进行路面基层无机结合料稳定材料的试验检测。
2. 能够分小组试验，通过情境化的任务学习解决工程实际问题。
3. 能够正确填报试验数据记录表，按规定对试验数据进行分析和处理。

素质目标

1. 具备解决试验中出现的问题的能力，能够持续学习和掌握新的试验技术和试验仪器。
2. 能够与团队成员合作和沟通，理解需求并进行有效的互动和协作。
3. 关注试验操作的规范性，并具备自我评估和优化的能力。

任务一 土的含水率试验(烘干法)

一、必备知识

土的含水率试验操作视频

土中水分的含量称为土的含水率,是由土壤三相体(固相骨架、水或水溶液、空气)中水分所占的相对比例表示的。土的含水率是土在天然状态下含水重量与土干重之比,用百分数表示。土的含水率的主要检测方法有烘干法和酒精燃烧法。

土的含水率的计算公式:

$$w=\frac{m-m_s}{m_s}\times 100\% \tag{1-1}$$

其中,w 为含水率,精确至 0.1%;m 为湿土质量,单位为 g,精确至 0.01 g;m_s 为干土质量,单位为 g,精确至 0.01 g。

本试验需进行两次平行测定,取其算术平均值,允许平均差值应符合表 1–1–1 的规定。

表 1–1–1 含水率测定的允许平均差值

含水率	允许平均差值	含水率	允许平均差值
5% 以下	0.3%	40% 以上	≤ 2.0%
40% 以下	≤ 1.0%		

二、任务描述

1. 任务资讯

重庆交院和瑞工程检测技术有限公司接到重庆市江津区祥福路重建工程施工一标项目监理部的委托,需要对标段路基工程用土进行含水率检测,并完成工程试验记录表。接收样品为素土,质量 10 kg。土样颗粒均匀,整体呈现为混合土壤,颜色为中等偏暗的棕黑色。表面看起来比较干燥,但可以感觉到一定的湿润度。

任务名称:土的含水率检测。

任务描述:根据委托单位要求,对指定土样进行含水率检测,验证路基用土的含水率是否符合相关标准。

任务周期:2 天。

接受任务后,借阅或上网查询有关资料,完成以下任务:

(1)填写表 1–1–2 含水率试验任务委托单;进行试验分工,填写角色分工单。

(2)编制试验总体方案

(3)熟悉物料清单和成本核算方法。

（4）按规范进行试验操作。

（5）记录并处理试验数据。

表 1-1-2　含水率试验任务委托单

委托单位		建设单位	
施工单位		见证单位	
委托人及电话		见证人及电话	
工程名称	重庆市江津区祥福路重建工程施工一标段	见证号	20××××
工程地址	重庆市江津区双福新区祥福大道	监督员及电话	
委托日期	2024.×.×	监督单位	
检验检测类别	☐ 普通送检　☑ 常规见证送检　☐ 监督抽检　☐ 执法抽检　☐ 其他		
工程编码	01××××	监督编号	××××××
样品名称		样品数量	
样品描述			
以下内容由委托单位按要求填写清楚或根据需要选择以下项目（请√）			
报告领取	☑ 凭委托书前台领取　☐ 快递（到付）　报告份数默认为一式 3 份（需更改为一式　份）		
检测依据	☑《公路路基路面现场测试规程》（JTG 3450—2019） ☑《土工试验方法标准》（GB/T 50123—2019） ☑《公路工程质量检验评定标准》（JTG F80/1—2017）		
检测参数	☑ 含水率		
检测方法	☑ 烘干法		
工程部位	路基		
送检双方确认	☑ 委托方保证所提供的相关信息与资料的真实性，并承担相应责任，并同意支付检测费用和提供必要的检测协助。 ☑ 样品符合标准或规范要求。检测完成后残余样品处理方式：☑ 不退样　☐ 退样。 样品接收员签名：　　日期：　年　月　日 送样人员签名：　　日期：　年　月　日		
合同评审	本公司现有资源：☑ 满足客户要求　☐ 不满足客户要求，不能接收委托		
说明	1. 委托方对送检样品的真实性负责，检测结果只对来样负责；2. 凭委托单查取报告；3. 见证送样（监督送样）时必须提供相关的见证记录（监督抽检通知书），并由见证员（监督员）在委托书上签名；4. 委托时需提供质保书 / 出厂合格证等产品质量证明文件；5. 若对报告有异议，应于收到报告之日起 15 日内，以书面形式向检测单位提出，逾期视为对报告无异议；6. 需退回检测后的残余样品的请在委托时标识好；7. 检测报告用于验收时，委托时必须有监督登记号；8. 委托单填错时，请更改者用杠改法并签名确认		
备注			

明确试验人员的角色分工,如小组组长、技术员、资料员和检测员,并填写表 1-1-3。

表 1-1-3　角色分工

任务:				
序号	角色	职责	人员	备注
1	组长	协调内部分工和进度		
2	资料员	资料整理		
3	技术员	控制检测流程		
4	检测员	配合组长执行任务		

2. 试验仪器

（1）烘箱:可采用电热烘箱[图 1-1-1(a)]或温度能保持在 105～110 ℃的其他能源烘箱。

（2）天平:最大称量 200 g,感量 0.01 g;最大称量 1 000 g,感量 0.1 g,如图 1-1-1(b)所示。

（3）干燥器、称量盒等。

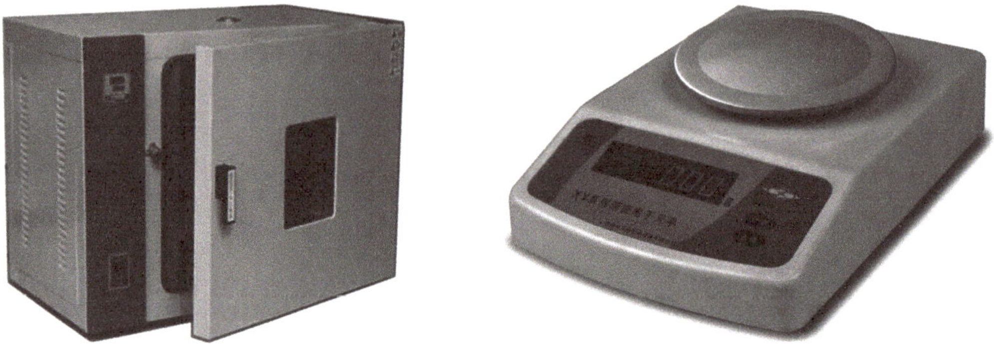

(a) 电热烘箱　　(b) 天平

图 1-1-1 主要试验仪器

三、任务实施

1. 制订计划

根据试验规范制订计划,填写表 1-1-4～表 1-1-6。

1）仪器设备

根据试验规范查找试验仪器设备,并填写表 1-1-4。

表 1-1-4　试验仪器设备

序号	主要仪器	备注	辅助仪器	备注
1				
2				

（续表）

序号	主要仪器	备注	辅助仪器	备注
3				
4				
5				
6				

2）物料清单

查找试验所用物料，并填写表 1–1–5。

表 1–1–5　物料清单

试样编号	土样类别	土样特征	质量（g）
1			
2			
3			
4			

3）人员分工

完成任务人员分工，并填写表 1–1–6。

表 1–1–6　人员分工

序号	任务内容	人员	备注
1	土样准备		
2	水电安全检查		
3	仪器设备准备		
4	仪器设备状态检查		
5	检测人员		
6	记录人员		
7	复核人员		

2. 决策

（1）查阅试验规程，说明烘干法测土的含水率的注意事项。

（2）查阅试验规程，说明如何计算土样的含水率。

（3）小组讨论确定本组试验工作流程并记录。

3. 试验

1）试验前的准备工作

在进行土的含水率试验之前，需要进行一些准备工作，以确保试验的准确性。

（1）以情景模拟的形式，提前到材料库领取材料，识别待测土样的类型，确定烘干的时间，并填写表 1-1-7 中的样品信息部分。

表 1-1-7　含水率试验检测记录表（烘干法）

检测编号：　　　　　　　检测单位名称：　　　　　　　记录编号：

<table>
<tr><td>工程名称</td><td colspan="3"></td></tr>
<tr><td>工程部位 / 用途</td><td colspan="3"></td></tr>
<tr><td rowspan="2">样品信息</td><td>来样时间：</td><td>样品名称：</td><td>样品编号：</td></tr>
<tr><td>样品数量：</td><td colspan="2">样品状态：</td></tr>
<tr><td>检测日期</td><td></td><td>试验条件</td><td></td></tr>
<tr><td>检测依据</td><td></td><td>判定依据</td><td></td></tr>
</table>

（2）准备仪器设备：根据表 1-1-4、表 1-1-5 数据，填写表 1-1-8，检查并清洗试验仪器，保证结果的准确性。

表 1-1-8　仪器设备和试样准备表

主要仪器设备及编号	
土样说明	
盒号	

2）试验步骤

（1）称量湿土质量

取具有代表性试样（细粒土不小于 50 g，砂类土、有机质土不小于 100 g，砂砾石不小于 1 kg），放入称量盒内，立即盖好盒盖，称湿土质量。称量时，可在天平一端放上与该称量盒等质量的砝码，移动天平游码，平衡后称量结果减去称量盒质量即为湿土质量。

（2）烘干

揭开盒盖，将试样和称量盒放入烘箱内，在温度 105～110 ℃恒温下烘干。对细粒土的烘干时间不得少于 8 h，砂类土不得少于 6 h。对含有机质超过 5% 的土或含石膏的土，应将温度控制在 60～70 ℃的恒温条件下，烘干时间不得少于 24 h。

（3）称量干土质量

将烘干后的试样和称量盒取出，放入干燥器内冷却（一般冷却 0.5～1 h 即可），冷却后盖好盒盖，称量质量，结果精确至 0.01 g。

3）试验过程中的注意事项

在进行土的含水率试验时，还需要注意一些细节。具体如下：

（1）必须准确称量：需要准确称量空称量盒、称量盒 + 湿土、称量盒 + 干土的质量，结果均精确到 0.01 g，以保证称量准确。

（2）控制烘干时的温度和烘干时间。

（3）含水率的计算应精确至 0.1%。

4）试验后的处理步骤

试验操作结束后，还需要进行如下处理步骤，以确保试验结果的准确性。

（1）计算并统计试验数据：将试验得到的数据进行计算，并进行统计绘图。

（2）分析试验结果：通过分析试验结果，得出水分质量和干土质量，并计算得出含水率。

（3）清洗试验设备：在试验结束后，对试验设备进行清洗和消毒，以便下次使用。

5）数据记录及小结

（1）记录试验数据并填写表 1-1-9。

表 1-1-9　含水率试验数据

盒号										
称量盒质量（g）										
称量盒 + 湿土质量（g）										
称量盒 + 干土质量（g）										
水分质量（g）										
干土质量（g）										
含水率										
平均含水率										

（2）试验小结。

4. 控制

1）明确检测注意事项及责任分工，并填写表 1–1–10。

表 1–1–10　检测注意事项及责任分工

序号	检测注意事项	检测人员	备注

2）小组讨论分析试验失误及相应预防措施，填写表 1–1–11。

表 1–1–11　失误分析

序号	试验失误	产生原因	预防措施

四、任务评价

1. 小组复盘

各小组根据本组试验情况进行自评及复盘，并填写表 1–1–12。

表 1-1-12 小组复盘

班级		组别		日期		
序号	考评项目	考评要点	考评方法	应得分	实得分	问题说明
1	信息检索	（1）能有效利用网络资源、工作手册查找有效信息 （2）能将查找到的信息有效转换到工作中	能查找有效信息得 2 分，能将信息有效转换到工作中得 3 分	5		
2	职业素养	（1）团结协作 （2）自主试验，没有抄袭 （3）时间观念强，不迟到、早退、旷课	有效团队协作得 5 分，自主试验得 5 分，迟到早退一次扣 5 分，旷课一次扣 10 分，扣完为止	15		
3	判断土样类别	（1）试验环境符合要求 （2）判断正确	试验环境错误扣 5 分，土样判断错误一处扣 5 分，扣完为止	10		
4	烘干	（1）温度和时间满足要求 （2）操作步骤符合要求	烘干温度或时间错误扣 5 分，试验操作错误一次扣 5 分，扣完为止	10		
5	冷却	（1）放入干燥器干燥 （2）操作符合要求	操作错误一处扣 5 分，扣完为止	10		
6	测定含水率	（1）操作符合规范 （2）称量准确 （3）精确至 0.01 g	操作错误一次扣 5 分，称量不准确一次扣 5 分，精度不符合要求一处扣 5 分，扣完为止	20		
7	数据处理	（1）计算准确 （2）书写规范	计算错误一处扣 5 分，书写不规范一处扣 2 分，扣完为止	20		
8	学习工作页	（1）工作页填写完整，无错别字 （2）按时完成，无错误	工作页填写不完整一处扣 2 分，错误一处扣 2 分，不按时完成扣 5 分，扣完为止	10		
自评分数						
有益的经验和做法						
改进措施						

2. 教师评价

教师按照评分标准对各小组进行任务工作过程总评，并填写表 1–1–13。

表 1–1–13 任务工作过程总评

班级			组名		成员姓名	
出勤情况						
评价指标		评价要素		分数	评分明细	评分
一	信息	口述任务内容并分组分工	1. 表述仪态自然、吐字清晰	5	表述仪态不自然或吐字模糊扣 1 分	
			2. 表述思路清晰、层次分明、准确，分组分工明确		表述思路模糊或层次不清扣 2 分，分工不明确扣 2 分	
二	计划	根据试验规范制订相关计划	1. 分析试验关键点准确	8	表述思路或层次不清一处扣 2 分	
			2. 制订计划及清单清晰合理		计划及清单不合理一处扣 2 分	
三	决策	选择试验实施方法、设计步骤	1. 试验实施方法	8	一处错误扣 1 分，扣完为止	
			2. 试验实施步骤			
四	实施	试验准备	1. 试验环境（温度、湿度）	5	每漏一项扣 1 分	
			2. 安全检查（水、电）		没有检查扣 1 分	
			3. 试验主要仪器		实操期间缺失扣 2 分	
		操作	1. 正确选用仪器设备	5	选择错误一处扣 1 分，扣完为止	
			2. 查阅资料，正确选择试验参数	3	选择错误扣 1 分，扣完为止	
			3. 依据试验规范进行实训操作（得分依据试验检测评分表）	40	根据操作规范酌情扣分	
		现场	1. 在试验过程中保持干净整齐安全	5	每错一项扣 1 分，扣完此项配分为止	
			2. 试验仪器设备恢复整理，清洁卫生	5	每违反一项扣 1 分，扣完此项配分为止	
五	控制	质量控制	正确读取和计算试验参数并正确分析检测结果，进行质量评定	10	能正确读数并计算试验参数，能进行质量评定，错一项，扣 1 分，扣完为止	
六	评价	工作过程评价	1. 合理自评	3		
			2. 合理互评	3		
合计				100		
提出改进措施						

任务二 土的界限含水率试验

一、必备知识

土的界限含水率
试验操作视频

1. 土的状态

不同含水率的细粒土，分别处于液态、可塑状态、半固体状态和固体状态。液限是细粒土呈可塑状态的上限含水率，塑限是细粒土呈可塑状态的下限含水率，如图 1–2–1 所示。

图 1–2–1 不同含水率土的状态关系

2. 液限及塑限的确定方法

液限的确定方法：若采用 76 g 锥做液限试验，则在锥入深度 h 与含水率 w 的关系曲线（h–w 图，图 1–2–2）上，纵坐标锥入深度 h=17 mm 所对应的横坐标的含水率 w，即为该土样的液限 w_L。若采用 100 g 锥做液限试验，则在 h–w 图上，纵坐标锥入深度 h=20 mm 所对应的横坐标的含水率 w，即为该土样的液限 w_L。

塑限的确定方法：如采用 76 g 锥，则在 h–w 图上，锥入深度 h=2 mm 所对应的含水率即为该土样的塑限 w_p。如采用 100 g 锥，则通过液限 w_L 与塑限时锥入深度 h_p 的关系曲线（h_p–w_L 图，图 1–2–3），查得 h_p，再由 h–w 图求出锥入深度为 h_p 时所对应的含水率，即为该土样的塑限 w_p。

3. h–w 图的绘制方法

在双对数坐标上，以含水率 w 为横坐标，锥入深度 h 为纵坐标，点绘 a、b、c 三点含水率的 h–w 图（图 1–2–2）。连此三点，应呈一条直线。如三点不在同一直线上，要通过 a 点与 b、c 两点连成两条直线，根据液限（a 点含水率）在 h_p–w_L 图上查得 h_p，再在 h–w 图的 ab 及 ac 两直线上求出相应的两个含水率。当两个含水率的差值小于 2% 时，以该两点含水率的平均值与 a 点连成一直线。当两个含水率的差值不小于 2% 时，应重做试验。

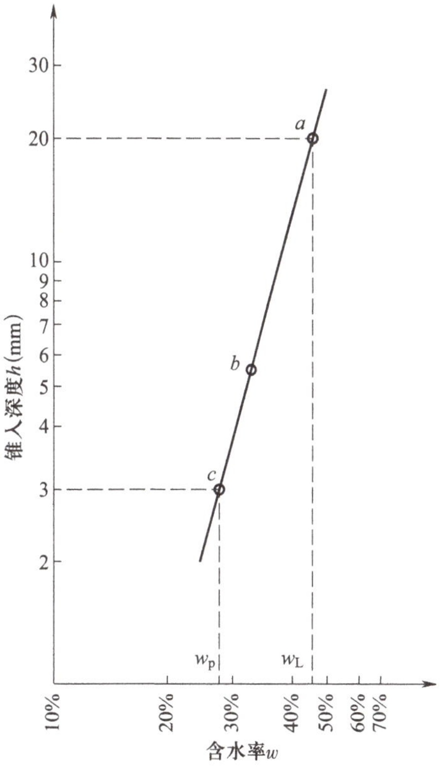

图 1–2–2 锥入深度与含水率关系曲线

查 h_p–w_L 图前，须先通过简易鉴别法把砂类土与细粒土区别开来，再分别查找相应的 h_p-w_L 图；对于细粒土，用双曲线确定 h_p 值；对于砂类土，则用多项式曲线确定 h_p 值。

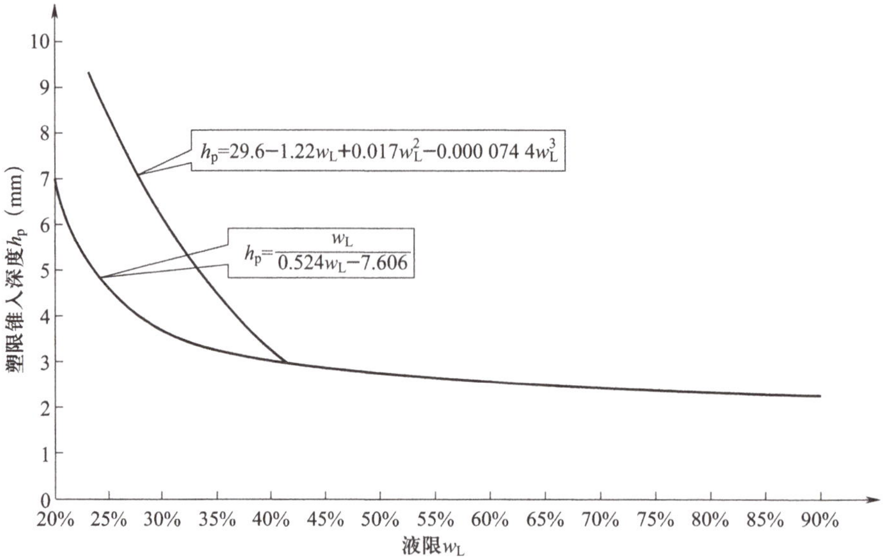

图 1-2-3　液限 w_L 与塑限入土深度 h_p 的关系曲线

本试验须进行两次平行测定，取其算术平均值，以整数（百分率）表示。其允许差值为高液限土小于或等于 2%，低液限土小于或等于 1%。

二、任务描述

1. 任务资讯

重庆交院和瑞工程检测技术有限公司接到重庆市江津区祥福路重建工程施工一标项目监理部的委托，需要对标段路基工程用土进行界限含水率试验，测定土的液限和塑限，并完成工程试验记录表。接收样品为粉质黏土，灰黄 ~ 褐黄色，硬塑，含青灰色黏土团块无摇振反应，稍有光滑，干强度中等，韧性中等，质量 10 kg。

任务名称：土的液限、塑限测定。

任务描述：根据委托单位要求和相关规范，对指定土样进行土的界限含水率检测，验证路基用土的液限、塑限是否符合相关标准。

任务周期：3 天。

接受任务后，查询有关资料，并完成以下任务：

（1）填写表 1-2-1 试验任务委托单，并进行试验分工。

（2）编制试验总体方案，计划总体试验流程。

（3）熟悉物料清单和成本核算。

（4）按规范进行试验操作。

（5）正确记录并处理试验数据。

表 1-2-1　土的界限含水率试验任务委托单

委托单位		建设单位	
施工单位		见证单位	
委托人及电话		见证人及电话	
工程名称	重庆市江津区祥福路重建工程施工一标段	见证号	20××××
工程地址	重庆市江津区双福新区祥福大道	监督员及电话	
委托日期	2024.×.×	监督单位	
检验检测类别	☐ 普通送检　☑ 常规见证送检　☐ 监督抽检　☐ 执法抽检　☐ 其他		
工程编码	01××××	监督编号	××××××
样品名称		样品数量	
样品描述			
以下内容由委托单位按要求填写清楚或根据需要选择以下项目（请√）			
报告领取	☑ 凭委托书前台领取　☐ 快递（到付）　报告份数默认为一式3份（需更改为一式　份）		
检测依据	☑《公路路基路面现场测试规程》（JTG 3450—2019） ☑《土工试验方法标准》（GB/T 50123—2019） ☑《公路工程质量检验评定标准》（JTG F80/1—2017）		
检测参数	☑ 土的界限含水率		
检测方法	☑ 液、塑限联合测定法		
工程部位	路基		
送检双方确认	☑ 委托方保证所提供的相关信息与资料的真实性，并承担相应责任，并同意支付检测费用和提供必要的检测协助。 ☑ 样品符合标准或规范要求。检测完成后残余样品处理方式：☑ 不退样　☐ 退样 样品接收员签名：　　　日期：　年　月　日 送样人员签名：　　　日期：　年　月　日		
合同评审	本公司现有资源：☑ 满足客户要求　　☐ 不满足客户要求，不能接收委托		
说明	1. 委托方对送检样品的真实性负责，检测结果只对来样负责；2. 凭委托单查取报告；3. 见证送样（监督送样）时必须提供相关的见证记录（监督抽检通知书），并由见证员（监督员）在委托书上签名；4. 委托时需提供质保书 / 出厂合格证等产品质量证明文件；5. 若对报告有异议，应于收到报告之日起 15 日内，以书面形式向检测单位提出，逾期视为对报告无异议；6. 需退回检测后的残余样品的请在委托时标识好；7. 检测报告用于验收时，委托时必须有监督登记号；8. 委托单填错时，请更改者用杠改法并签名确认		
备注			

明确小组内部角色分工，如小组组长、技术员、资料员和检测员，并填写表 1-2-2。

表 1-2-2　角色分工

任务：				
序号	角色	职责	人员	备注
1	组长	协调内部分工和进度		
2	资料员	资料整理		
3	技术员	控制检测流程		
4	检测员	配合组长执行任务		

2. 试验仪器

（1）液塑限联合测定仪：圆锥质量为 100 g 或 76 g，锥角为 30°，读数显示形式宜采用光电式、数显式、游标式、百分表式，如图 1-2-4 所示为数显式。

（2）盛土杯：直径 50 mm，深度 40 ~ 50 mm。

（3）天平：最大称量 200 g，感量 0.01 g。

（4）筛：孔径 0.5 mm。

（5）研钵：附带橡皮头的研杵或橡皮板、木棒。

（6）其他：调土刀、调土皿、称量盒、干燥器、吸管、凡士林等。

图 1-2-4　数显式液塑限联合测定仪

三、任务实施

1. 制订计划

1）仪器设备

根据试验规范查找试验仪器设备，并填写表 1-2-3。

表 1-2-3　试验用仪器设备

序号	主要仪器	备注	辅助仪器	备注
1				
2				
3				
4				
5				
6				

2）物料清单

查找试验所用物料，并填写表 1-2-4。

表 1-2-4　物料清单

试样编号	最大粒径（mm）	质量（g）
1		
2		
3		
4		
5		

3）人员分工

完成任务人员分工，并填写表 1-2-5。

表 1-2-5　人员分工

序号	计划内容	人员	备注
1	土样准备		
2	水电安全检查		
3	仪器设备准备		
4	仪器设备状态检查		
5	检测人员		
6	记录人员		
7	复核人员		

2. 决策

1）查阅试验规程，说明如何准备土样。

2）查阅试验规程，说明如何计算土样的界限含水率（液限、塑限）。

3）小组讨论制定本组试验工作流程

3. 试验

1）试验前的准备工作

在进行土的界限含水率试验之前，需要进行如下准备工作，以确保试验的准确性。

（1）以情景模拟的形式，到材料库领取材料，并填写表 1–2–6。

表 1–2–6　土的界限含水率试验检测记录

检测编号：　　　　　　　　检测单位名称：　　　　　　　　记录编号：

<table>
<tr><td>工程名称</td><td colspan="4"></td></tr>
<tr><td>工程部位 / 用途</td><td colspan="4"></td></tr>
<tr><td rowspan="2">样品信息</td><td colspan="2">来样时间：</td><td>样品名称：</td><td>样品编号：</td></tr>
<tr><td colspan="2">样品数量：</td><td colspan="2">样品状态：</td></tr>
<tr><td>检测日期</td><td></td><td>试验条件</td><td colspan="2"></td></tr>
<tr><td>检测依据</td><td></td><td>判定依据</td><td colspan="2"></td></tr>
</table>

（2）根据表 1–2–3、表 1–2–4 完成试验前仪器设备及样品准备，填写表 1–2–7，然后检查并清洗试验仪器，以保证结果的准确性。

表 1–2–7　仪器设备及样品准备

主要仪器设备及编号	
样品描述	
土粒类型	
圆锥质量（g）	

2）试验步骤

（1）取样过筛

取有代表性的天然含水率土样或风干土样进行试验。如土中含直径大于 0.5 mm 的土粒或杂质，应将风干土样用带橡皮头的研杵研碎或用木棒在橡皮板上压碎，过 0.5 mm

的筛。

（2）配置土样

取 0.5 mm 筛下的代表性土样 600 g，分开放入三个盛土皿中，加不同体积的蒸馏水，土样的含水率分别控制在液限（图 1–2–2 中 a 点）、略大于塑限（图 1–2–2 中 c 点）和二者的中间状态（图 1–2–2 中 b 点），用调土刀调匀，盖上湿布，放置 18 h 以上。测定 a 点的锥入深度，对于 100 g 锥应为 20 mm ± 0.2 mm，对于 76 g 锥应为 17 mm ± 0.2 mm。测定 c 点的锥入深度，对于 100 g 锥应控制在 5 mm 以下，对于 76 g 锥应控制在 2 mm 以下。对于砂类土，用 100 g 锥测定 c 点的锥入深度可大于 5 mm，用 76 g 锥测定 c 点的锥入深度可大于 2 mm。

（3）装入试杯

将制备的土样充分搅拌均匀，分层装入盛土杯，用力压密，使空气溢出。对于较干的土样，应先充分搓揉，用调土刀反复压实。试杯装满后，刮成与杯边齐平。

（4）仪器准备

当用游标式或百分表式液塑限联合测定仪进行试验时，首先需要调平仪器，提起锥杆（此时游标或百分表读数为零），其次在锥头上涂少许凡士林。

（5）试验并读数

将装好土样的试杯放在液塑限联合测定仪的升降座上，转动升降旋钮，待锥尖与上样表面刚好接触时停止升降，扭动锥下降旋钮，同时开动秒表，5 s 时，松开锥下降旋钮，锥体停止下落，此时游标读数即为锥入深度 h_1。

改变锥尖与土接触位置（锥尖两次锥入位置距离不小于 1 cm），重复上述步骤，得锥入深度 h_2。h_1、h_2 允许平行误差为 0.5 mm，否则，应重做试验。取 h_1、h_2 的平均值作为该点的锥入深度 h。

（6）测试含水率

去掉锥尖入土处的凡士林，取 10 g 以上的土样两个，分别装入称量盒内，称量质量（精确至 0.01 g），测定其含水率 w_1、w_2（精确至 0.1%）。计算含水率平均值 w。

重复步骤（1）~（6），对其他两个不同含水率土样进行试验，测其锥入深度和含水率。

3）试验过程中的注意事项

在进行土的界限含水率试验时，还需要注意一些细节，具体如下：

（1）土样必须用调土刀调匀，用力压密实，装满试杯后再测定锥入深度。

（2）测定锥入深度时应该在锥尖涂凡士林，必须记录两次锥入深度，并保证两次锥入深度的误差不大于 0.5 mm。

（3）控制 a、b、c 三点的锥入深度：a 点下沉深度为 3 ~ 5 mm；b 点下沉深度为 9 ~ 11 mm；c 点下沉深度为 16 ~ 18 mm。

4）试验后的处理步骤

在进行完土的界限含水率试验之后，还需要进行如下处理步骤，以确保试验结果的准确性。

（1）计算并统计试验数据：将试验得到的数据进行计算，并进行统计绘图。

（2）分析试验结果：通过分析试验结果，得出土样的液限、塑限和塑性指数。

（3）清洗试验设备：在试验结束后，对试验设备进行清洗和消毒，以便下次使用。

5）数据记录及小结

（1）根据试验规范进行试验操作，记录试验过程数据，并计算土的干密度，填写表 1-2-8。

表 1-2-8　土的液限、塑限测定试验操作记录

	试验次数	1		2		3	
锥入深度	试样锥入深度 1（mm）						
	试样锥入深度 2（mm）						
	试样锥入深度平均值（mm）						
含水率	称量盒号						
	称量盒 + 湿土质量（g）						
	称量盒 + 干土质量（g）						
	称量盒质量（g）						
	水质量（g）						
	干土质量（g）						
	含水率						
	平均含水率						

（2）根据试验规程进行试验数据的整理并绘制锥入深度与含水率的关系曲线。

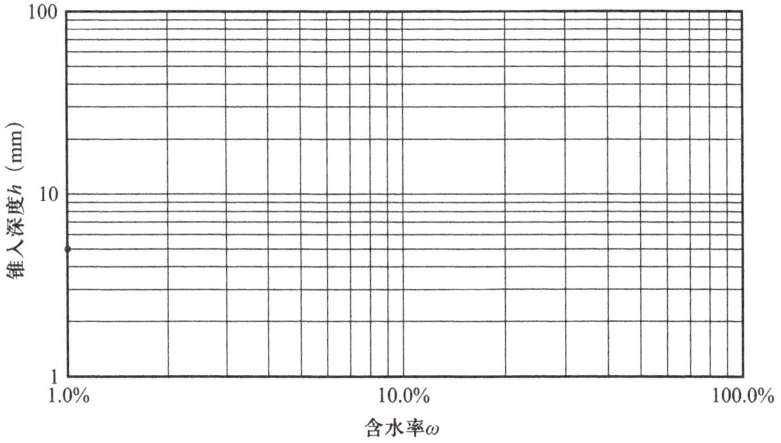

（3）试验小结。

4. 控制

1）明确检测注意事项及责任分工，并填写表 1-2-9。

表 1-2-9　检测注意事项及人员分工

序号	检测注意事项	检测人员	备注

2）小组讨论分析试验过程中出现的失误及相应预防措施，填写表 1-2-10。

表 1-2-10　失误分析

序号	试验失误	产生原因	预防措施

四、任务评价

1. 小组复盘

各小组根据本组试验情况进行自评及复盘，并填写表 1-2-11。

表 1-2-11　小组复盘

班级		组别		日期		
序号	考评项目	考评要点	考评方法	应得分	实得分	问题说明
1	信息检索	（1）能有效利用网络资源、工作手册查找有效信息 （2）能将查找到的信息有效转换到工作中	能查找有效信息得 2 分，能将信息有效转换到工作中得 3 分	5		
2	职业素养	（1）团结协作 （2）自主试验，没有抄袭 （3）时间观念强，不迟到、早退、旷课	有效团队协作得 5 分，自主试验得 5 分，遵守纪律得 5 分，迟到早退一次扣 5 分，旷课一次扣 10 分，扣完为止	15		
3	土样配制	（1）试验环境符合要求 （2）土样调匀、刮平，操作符合要求	试验环境错误扣 5 分，土样配置操作错误一处扣 5 分，扣完为止	10		
4	测定锥入深度	（1）a、b、c 三点的锥入深度符合要求 （2）操作符合规范	锥入深度不符合要求一处扣 2 分，操作不符合规范一处扣 2 分，扣完为止	10		
5	测定含水率	（1）操作符合规范 （2）称量准确，精确至 0.01 g （3）含水率符合允许平均差值	操作不符合规范一处扣 2 分，称量不准确或精度不符合要求一处扣 2 分，含水率不符合允许差值一处扣 2 分，扣完为止	10		
6	绘图	绘图正确	绘图错误一处扣 5 分，扣完为止	20		
7	数据处理	（1）计算准确 （2）书写规范	计算错误一处扣 5 分，书写不规范一处扣 2 分，扣完为止	20		
8	学习工作页	（1）工作页填写完整，无错别字 （2）按时完成，无错误	工作页填写不完整一处扣 2 分，错误一处扣 2 分，不按时完成扣 5 分，扣完为止	10		
自评分数						
有益的经验和做法						
改进措施						

2. 教师评价

教师按照评分标准对各小组进行任务工作过程总评，并填写表 1–2–12。

表 1–2–12　任务工作过程总评

班级			组名		成员姓名	
出勤情况						
评价指标		评价要素		分数	评分明细	评分
一	信息	口述任务内容并分组分工	1. 表述仪态自然、吐字清晰	5	表述仪态不自然或吐字模糊扣 1 分	
			2. 表述思路清晰、层次分明、准确，分组分工明确		表述思路模糊或层次不清扣 2 分，分工不明确扣 2 分	
二	计划	根据试验规范制订相关计划	1. 分析试验关键点准确	8	表述思路或层次不清一处扣 2 分	
			2. 制订计划及清单清晰合理		计划及清单不合理一处扣 2 分	
三	决策	选择试验实施方法、设计步骤	1. 试验实施方法	8	一处错误扣 1 分，扣完为止	
			2. 试验实施步骤			
四	实施	试验准备	1. 试验环境（温度、湿度）	5	每漏一项扣 1 分	
			2. 安全检查（水、电）		没有检查扣 1 分	
			3. 试验主要仪器		实操期间缺失扣 2 分	
		操作	1. 正确选用仪器设备	5	选择错误一处扣 1 分，扣完为止	
			2. 查阅资料，正确选择试验参数	3	选择错误扣 1 分，扣完为止	
			3. 依据试验规范进行实训操作（得分依据试验检测评分表）	40	根据操作规范酌情扣分	
		现场	1. 在试验过程中保持干净整齐安全	5	每错一项扣 1 分，扣完此项配分为止	
			2. 试验仪器设备恢复整理，清洁卫生	5	每违反一项扣 1 分，扣完此项配分为止	
五	控制	质量控制	正确读取和计算试验参数并正确分析检测结果，进行质量评定	10	能正确读数并计算试验参数，能进行质量评定，错一项，扣 1 分，扣完为止	
六	评价	工作过程评价	1. 合理自评	3		
			2. 合理互评	3		
合计				100		
提出改进措施						

项目二 路面基层无机稳定结合料试验

知识目标

1. 掌握击实试验的原理、所用仪器、操作步骤及注意事项。
2. 掌握最大干密度和最佳含水率的确定方法。
3. 掌握 EDTA 滴定法试验的原理、仪器、操作步骤及注意事项。
4. 掌握 EDTA 标准曲线的绘制方法和水泥剂量确定方法。

能力目标

1. 能根据项目需求和操作规范，进行路面基层无机结合料稳定材料的试验检测。
2. 能够分小组制订试验实施方案，通过情境化的任务学习解决工程实际问题。
3. 能够正确记录试验数据，并按规定对试验数据进行分析和处理。

素质目标

1. 具备解决试验中出现的问题的能力，能够持续学习新的试验技术和试验仪器。
2. 能够与团队成员进行有效的沟通和协作。
3. 关注试验操作的规范性，并具备自我评估和优化的能力。

任务一 击实试验

一、必备知识

击实试验操作视频

干密度是指土的孔隙中完全没有水时的密度，即固体颗粒的质量与土的总体积之比。

干密度的计算公式：

$$\rho_d=\frac{\rho}{1+0.01w} \tag{2-1}$$

其中，ρ_d 为干密度，单位为 g/cm^3，精确至 0.01 g/cm^3；ρ 为湿密度，单位为 g/cm^3；w 为含水率。

以干密度为纵坐标，含水率为横坐标，绘制干密度与含水率的关系曲线，即击实曲线，曲线上峰值点的纵、横坐标分别为最大干密度和最佳含水率，如图 2-1-1 所示。如曲线不能绘出明显的峰值点，应进行补点或重做试验。

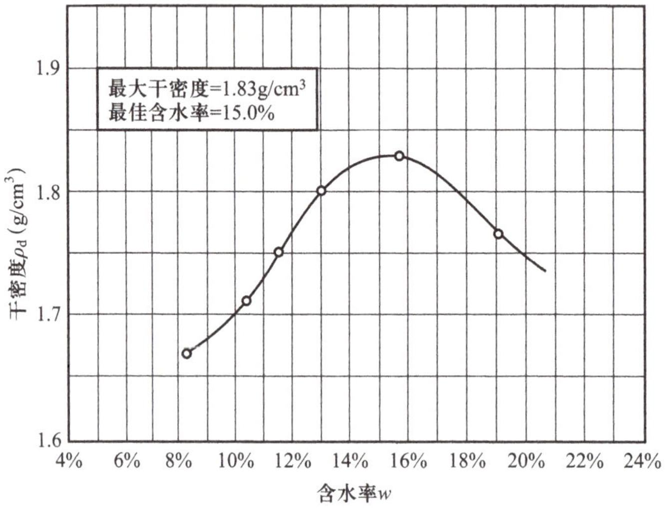

图 2-1-1　击实曲线

二、任务描述

1. 任务资讯

重庆交院和瑞工程检测技术有限公司接到重庆市江津区祥福路重建工程施工一标项目监理部的委托，需要对标段路基工程用土进行击实试验，测定土的最佳含水率和最大干密度，并完成工程试验记录表。接收样品为素填土、松散、无杂质的细粒土（干试样），质量 30 kg。

任务名称：土的最佳含水率和最大干密度测定。

任务描述：根据委托单位要求和相关规范，对指定土样进行土的击实试验检测，得到土的最佳含水率和最大干密度。

任务周期：5 天。

接受任务后，查询有关资料，完成以下任务：

（1）填写试验任务委托单，并进行试验分工，完成表 2-1-1 及表 2-1-2。

（2）编制试验总体方案。

（3）熟悉物料清单和成本核算。

（4）按规范进行试验操作。

（5）记录试验数据并分析处理。

表 2-1-1　击实试验任务委托单

<table>
<tr><td>委托单位</td><td></td><td>建设单位</td><td></td></tr>
<tr><td>施工单位</td><td></td><td>见证单位</td><td></td></tr>
<tr><td>委托人及电话</td><td></td><td>见证人及电话</td><td></td></tr>
<tr><td>工程名称</td><td>重庆市江津区祥福路重建工程施工一标段</td><td>见证号</td><td>20××××</td></tr>
<tr><td>工程地址</td><td>重庆市江津区双福新区祥福大道</td><td>监督员及电话</td><td></td></tr>
<tr><td>委托日期</td><td>2024.×.×</td><td>监督单位</td><td></td></tr>
<tr><td>检验检测类别</td><td colspan="3">☐ 普通送检　☑ 常规见证送检　☐ 监督抽检　☐ 执法抽检　☐ 其他</td></tr>
<tr><td>工程编码</td><td>01××××</td><td>监督编号</td><td>××××××</td></tr>
<tr><td>样品名称</td><td></td><td>样品数量</td><td></td></tr>
<tr><td>样品描述</td><td colspan="3"></td></tr>
<tr><td colspan="4">以下内容由委托单位按要求填写清楚或根据需要选择以下项目（请√）</td></tr>
<tr><td>报告领取</td><td colspan="3">☑ 凭委托书前台领取　☐ 快递（到付）　报告份数默认为一式 3 份（需更改为一式　份）</td></tr>
<tr><td>检测依据</td><td colspan="3">☑《公路路基路面现场测试规程》（JTG 3450—2019）
☑《土工试验方法标准》（GB/T 50123—2019）
☑《公路工程质量检验评定标准》（JTG F80/1—2017）
☑《公路土工试验规程》（JTG 3430—2020）</td></tr>
<tr><td>检测参数</td><td colspan="3">☑ 土的最佳含水率　☑ 土的最大干密度</td></tr>
<tr><td>检测方法</td><td colspan="3">☑ 击实试验法</td></tr>
<tr><td>工程部位</td><td colspan="3">路基</td></tr>
<tr><td>送检双方确认</td><td colspan="3">☑ 委托方保证所提供的相关信息与资料的真实性，并承担相应责任，并同意支付检测费用和提供必要的检测协助。
☑ 样品符合标准或规范要求。检测完成后残余样品处理方式：☑ 不退样　☐ 退样
样品接收员签名：　　　　日期：　　年　月　日
送样人员签名：　　　　日期：　　年　月　日</td></tr>
<tr><td>合同评审</td><td colspan="3">本公司现有资源：☑ 满足客户要求　　☐ 不满足客户要求，不能接收委托</td></tr>
</table>

（续表）

说明	1. 委托方对送检样品的真实性负责，检测结果只对来样负责；2. 凭委托单查取报告；3. 见证送样（监督送样）时必须提供相关的见证记录（监督抽检通知书），并由见证员（监督员）在委托书上签名；4. 委托时需提供质保书 / 出厂合格证等产品质量证明文件；5. 若对报告有异议，应于收到报告之日起 15 日内，以书面形式向检测单位提出，逾期视为对报告无异议；6. 需退回检测后的残余样品的请在委托时标识好；7. 检测报告用于验收时，委托时必须有监督登记号；8. 委托单填错时，请更改者用杠改法并签名确认
备注	

明确小组内部情境角色分工，如小组组长、技术员、资料员和检测员，并填写表 2-1-2。

表 2-1-2　角色分工

任务：				
序号	角色	职责	人员	备注
1	组长	协调内部分工和进度		
2	资料员	资料整理		
3	技术员	控制检测流程		
4	检测员	配合组长执行任务		

2. 试验仪器

（1）击实仪。如图 2-1-2 所示为手动击实仪和电动击实仪，选用击实仪应符合《土工试验仪器 击实仪》（GB/T 22541—2008）的相关规定。

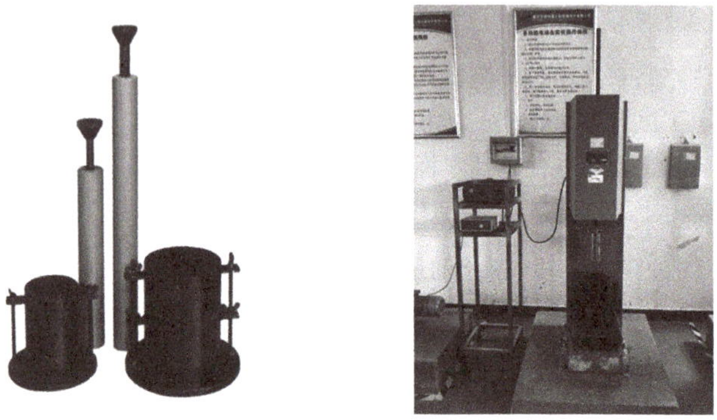

图 2-1-2　手动击实仪（左）与电动击实仪（右）

击实试验方法和相应设备的主要参数应符合表 2-1-3 的规定。

（2）烘箱及干燥器。

（3）天平：最大称量 2 000 g，感量 0.01 g。

（4）台秤：最大称量 10 kg，感量 1 g。

表 2-1-3　击实试验方法种类

试验方法	类别	锤底直径（cm）	锤质量（cm）	落高（cm）	试筒尺寸		试样尺寸		层数	每层击数	击实功（kJ/m^3）	最大粒径（mm）
					内径（cm）	高（cm）	高度（cm）	体积（cm^3）				
轻型	Ⅰ-1	5	2.5	30	10	12.7	12.7	997	3	27	592.2	20
	Ⅰ-2	5	2.5	30	15.2	17	12	2 177	3	59		40
重型	Ⅱ-1	5	4.5	45	10	12.7	12.7	997	5	27	2 684.9	20
	Ⅱ-2	5	4.5	45	15.2	17	12	2 177	3	98		40

（5）圆孔筛：孔径 40 mm、20 mm 和 5 mm 的圆孔筛各一个。

（6）拌和工具：400 mm×600 mm、深 70 mm 的金属盘，土铲。

（7）其他：喷水设备、碾土器、盛土盘、量筒、推土器、铝盒、修土刀、平直尺等。

三、任务实施

1. 制订计划

1）仪器设备

根据试验规程查找试验用仪器设备，并填写表 2-1-4。

表 2-1-4　仪器设备

序号	主要仪器	备注	辅助仪器	备注
1				
2				
3				
4				
5				
6				

2）物料清单

根据试验规程查找相应物料，并填写表 2-1-5。

表 2-1-5　物料清单

试样编号	最大粒径（mm）	含水率	质量（g）
1			
2			
3			
4			
5			

3）人员分工

完成小组人员任务分工，并填写表 2-1-6。

表 2-1-6　人员任务分工

序号	计划内容	人员	时间（min）	备注
1	土样准备			
2	水电安全检查			
3	仪器设备准备			
4	仪器设备状态检查			
5	检测人员			
6	记录人员			
7	复核人员			

2. 决策

1）查阅试验规程，说明如何配制土样。

2）查阅试验规程，说明如何计算土样的干密度。

3）小组讨论制定本组试验工作流程。

3. 试验

1）试验前的准备工作

在进行击实试验之前，需要进行如下准备工作，以确保试验的准确性。

（1）以情景模拟的形式，到材料库领取材料，并完成表 2-1-7。

表 2-1-7　击实试验检测记录表（手动击实仪）

检测编号：　　　　　　检测单位名称：　　　　　　记录编号：

工程名称			
工程部位 / 用途			
样品信息	来样时间：	样品名称：	样品编号：
	样品数量：	样品状态：	
检测日期		**试验条件**	
检测依据		**判定依据**	

（2）准备仪器和试样：根据表 2-1-4、表 2-1-5 完成试验前仪器设备准备，填写表 2-1-8，并检查、清洗试验仪器，保证结果的准确性。

表 2-1-8　击实试验仪器设备记录表（手动击实仪）

主要仪器设备及编号	
击实筒容积（cm^3）	
落高	
锤质量	
每层击数	

（3）试样制备：根据情况选用干土法或湿土法配置至少 5 种不同含水率的土样，含水率间隔 2%，并充分拌和，闷料一夜备用。

2）试验步骤

（1）土样击实

根据工程要求，选择轻型或重型试验方法。称量击实筒质量 m，精确至 1 g。将击实筒放在坚硬的地面上，在筒壁上抹一薄层凡士林，并在筒底（小击实筒）或垫块（大击实筒）上放置蜡纸或塑料薄膜。取制备好的土样分 3 ~ 5 次倒入筒内。小击实筒按三层法时，每次取土样 800 ~ 900 g（其量应使击实后的土样等于或略高于筒高的 1/3）；按五层法时，每次取土样 400 ~ 500 g（其量应使击实后的土样等于或略高于筒高的 1/5）。对于大击实筒，先将垫块放入筒内底板上，按三层法，每层需试样 1 700 g 左右。整平表面，并稍加压紧，然后按规定的击数进行第一层土的击实，击实时击锤应自由垂直落下，锤迹须均匀分布于土样面，第一层击实完后，将土样层面“拉毛”，然后再装入套筒。重复上述方法进行其余各层土的击实。小击实筒击实后，试样不应高出筒顶面 5 mm；大击实筒击实后，试样不应高出筒顶面 6 mm。

（2）试样脱模

用修土刀沿套筒内壁削刮，使试样与套筒脱离后，扭动并取下套筒，齐筒顶细心削平试样，拆除底板，擦净筒外壁，称量筒与土的总质量 m_2，精确至 1 g。

（3）含水率测定

用推土器推出筒内土样，从土样中心处取样测其含水率，精确至 0.1%。测定含水率用土样的数量按表 2-1-9 规定取样（取出有代表性的土样）。土样含水率的精度应符合规定。

表 2-1-9　测定含水率用土样的数量

最大粒径（mm）	土样质量（g）	个数
<5	约 100	2
约 5	约 200	1
约 20	约 400	1
约 40	约 800	1

3）试验过程中的注意事项

在进行击实试验时，还需要注意如下细节。

（1）击实时击锤应自由垂直落下，锤迹必须均匀分布于土样面，每层击实完后，将试样层面“拉毛”，然后再装入套筒。

（2）含水率的计算应精确至 0.1%。

4）试验后的处理步骤

在进行完击实试验之后，还需要进行一些处理步骤，以确保试验结果的准确性。具体包括：

（1）计算并统计试验数据：需要将试验得到的数据进行计算，并进行统计绘图。

（2）分析试验结果：通过分析试验结果，得出土样的最佳含水率和最大干密度。

（3）清洗试验设备：试验结束后，需要对试验设备进行清洗和消毒，以便下次使用。

5）数据记录及小结

（1）根据试验规程进行试验操作，并将试验过程数据及计算出的土样的干密度记录于表 2-1-10 中。

表 2-1-10　击实试验检测记录（手动击实仪）

试验次数	1		2		3		4		5		6	
筒加土质量（g）												
筒质量（g）												
湿土质量（g）												
湿密度（g/cm^3）												
干密度（g/cm^3）												
盒号												
称量盒 + 湿土质量（g）												
称量盒 + 干土质量（g）												
称量盒质量（g）												
水质量（g）												
干土质量（g）												
含水率												
平均含水率												

（2）根据试验规程进行试验数据的整理并绘制干密度与含水率的关系曲线。

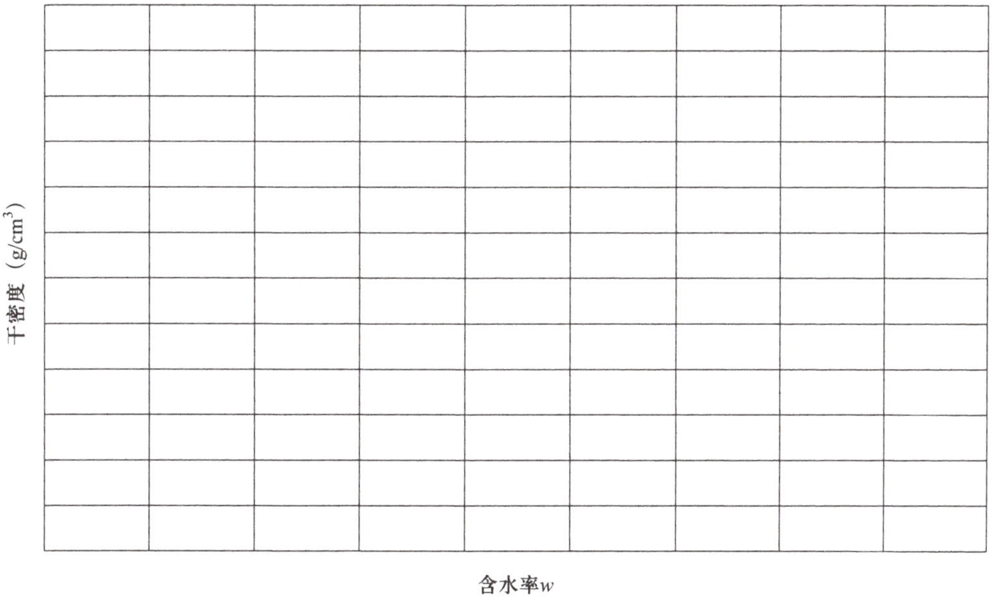

最佳含水率：________________

（3）试验小结。

4. 控制

1）明确检测注意事项及责任分工，填写表 2-1-11。

表 2-1-11　检测注意事项及责任分工

序号	检测注意事项	检测人员	备注

2）根据检测结果，小组讨论分析试验中的失误原因及预防措施，并填写表 2-1-12。

表 2-1-12　失误分析

序号	试验失误	产生原因	预防措施

四、任务评价

1. 小组复盘

各小组根据本组试验情况进行自评及复盘，并填写表 2-2-13。

表 2-2-13　小组复盘

班级		组别		日期		
序号	考评项目	考评要点	考评方法	应得分	实得分	问题说明
1	信息检索	（1）能有效利用网络资源、工作手册查找有效信息 （2）能将查找到的信息有效转换到工作中	能查找有效信息得 2 分，能将信息有效转换到工作中得 3 分	5		

（续表）

序号	考评项目	考评要点	考评方法	应得分	实得分	问题说明
2	职业素养	（1）团结协作 （2）自主试验，没有抄袭 （3）时间观念强，不迟到、早退、旷课	有效团队协作得5分，自主试验得5分，遵守纪律得5分，迟到早退一次扣5分，旷课一次扣10分，扣完为止	15		
3	土样配制	（1）试验环境符合要求 （2）称量准确，操作符合要求	试验环境错误扣5分，土样称量错误一处扣5分，扣完为止	10		
4	装土	（1）三层装土，操作符合要求 （2）2、3层前拉毛	三层装土，操作不符合要求一处扣2分，忘记拉毛一处扣2分，扣完为止	10		
5	击实	（1）操作步骤符合要求 （2）每层击27下	操作步骤错误一处扣2分，每层击数不正确一次扣2分，扣完为止	10		
6	脱模	（1）操作符合规范 （2）称量准确	脱模操作错误一处扣2分，称量不准确一次扣2分，扣完为止	10		
7	测定含水率	（1）操作符合规范 （2）称量准确 （3）计算准确	含水率测定步骤错误一处扣3分，称量错误一次扣3分，计算错误一次扣5分，扣完为止	20		
8	绘图	（1）绘图正确 （2）正确确定最大干密度和最佳含水率	绘图错误一处扣5分，最大干密度和最佳含水率确定错误一处扣5分，扣完为止	10		
9	学习工作页	（1）工作页填写完整，无错别字 （2）按时完成，无错误	工作页填写不完整一处扣2分，错误一处扣2分，不按时完成扣5分，扣完为止	10		
自评分数						
有益的经验和做法						
改进措施						

2. 教师评价

教师按照评分标准对各小组进行任务工作过程总评，并填写表 2-2-14。

表 2-2-14　任务工作过程总评

<table>
<tr><td colspan="2">班级</td><td></td><td>组名</td><td></td><td>成员姓名</td><td></td></tr>
<tr><td colspan="2">出勤情况</td><td colspan="5"></td></tr>
<tr><td colspan="2">评价指标</td><td colspan="2">评价要素</td><td>分数</td><td>评分明细</td><td>评分</td></tr>
<tr><td rowspan="2">一</td><td rowspan="2">信息</td><td rowspan="2">口述任务内容并分组分工</td><td>1. 表述仪态自然、吐字清晰</td><td rowspan="2">5</td><td>表述仪态不自然或吐字模糊扣 1 分</td><td rowspan="2"></td></tr>
<tr><td>2. 表述思路清晰、层次分明、准确，分组分工明确</td><td>表述思路模糊或层次不清扣 2 分，分工不明确扣 2 分</td></tr>
<tr><td rowspan="2">二</td><td rowspan="2">计划</td><td rowspan="2">根据试验规范制订相关计划</td><td>1. 分析试验关键点准确</td><td rowspan="2">8</td><td>表述思路或层次不清一处扣 2 分</td><td rowspan="2"></td></tr>
<tr><td>2. 制订计划及清单清晰合理</td><td>计划及清单不合理一处扣 2 分</td></tr>
<tr><td rowspan="2">三</td><td rowspan="2">决策</td><td rowspan="2">选择试验实施方法、设计步骤</td><td>1. 试验实施方法</td><td rowspan="2">8</td><td rowspan="2">一处错误扣 1 分，扣完为止</td><td rowspan="2"></td></tr>
<tr><td>2. 试验实施步骤</td></tr>
<tr><td rowspan="8">四</td><td rowspan="8">实施</td><td rowspan="3">试验准备</td><td>1. 试验环境（温度、湿度）</td><td rowspan="3">5</td><td>每漏一项扣 1 分</td><td rowspan="3"></td></tr>
<tr><td>2. 安全检查（水、电）</td><td>没有检查扣 1 分</td></tr>
<tr><td>3. 试验主要仪器</td><td>实操期间缺失扣 2 分</td></tr>
<tr><td rowspan="3">操作</td><td>1. 正确选用仪器设备</td><td>5</td><td>选择错误一处扣 1 分，扣完为止</td><td rowspan="3"></td></tr>
<tr><td>2. 查阅资料，正确选择试验参数</td><td>3</td><td>选择错误扣 1 分，扣完为止</td></tr>
<tr><td>3. 依据试验规范进行实训操作（得分依据试验检测评分表）</td><td>40</td><td>根据操作规范酌情扣分</td></tr>
<tr><td rowspan="2">现场</td><td>1. 在试验过程中保持干净整齐安全</td><td>5</td><td>每错一项扣 1 分，扣完此项配分为止</td><td rowspan="2"></td></tr>
<tr><td>2. 试验仪器设备恢复整理，清洁卫生</td><td>5</td><td>每违反一项扣 1 分，扣完此项配分为止</td></tr>
<tr><td>五</td><td>控制</td><td>质量控制</td><td>正确读取和计算试验参数并正确分析检测结果，进行质量评定</td><td>10</td><td>能正确读数并计算试验参数，能进行质量评定，错一项，扣 1 分，扣完为止</td><td></td></tr>
<tr><td rowspan="2">六</td><td rowspan="2">评价</td><td rowspan="2">工作过程评价</td><td>1. 合理自评</td><td>3</td><td></td><td></td></tr>
<tr><td>2. 合理互评</td><td>3</td><td></td><td></td></tr>
<tr><td colspan="3">合计</td><td></td><td>100</td><td></td><td></td></tr>
<tr><td colspan="3">提出改进措施</td><td colspan="4"></td></tr>
</table>

任务二 稳定土中水泥或石灰的剂量测定（EDTA 滴定法）

一、必备知识

水泥剂量测定
试验操作视频

1. EDTA 滴定法适用范围

1）EDTA 滴定法适用于在工地快速测定水泥和石灰稳定材料中水泥和石灰的剂量，并可用于检查现场拌和及摊铺的均匀性。

2）EDTA 滴定法也可以用于测定水泥和石灰综合稳定土中结合料的剂量。

3）EDTA 滴定法适用于在水泥终凝之前的水泥含量测定。现场土样的石灰剂量应在路拌后尽快测试，否则需要用相应龄期的 EDTA 二钠标准溶液消耗量的标准曲线确定。

2. EDTA 滴定法所需化学试剂

1）0.1 mol/m^3 乙二胺四乙酸二钠（简称 EDTA 二钠）标准液：准确称取 EDTA 二钠（分析纯）37.226 g，用 40～50 ℃的无二氧化碳蒸馏水溶解，待全部溶解并冷至室温后，定容至 1 000 mL。

2）10% 氯化铵（Cl）溶液：将 500 g 氯化铵（分析纯或化学纯）放在 10 L 的聚乙烯桶内，加蒸馏水 4 500 mL，充分振荡，使氯化铵完全溶解。也可以分批在 1 000 mL 的烧杯内配制，然后倒入塑料桶内摇匀。

3）1.8% 氢氧化钠（内含三乙醇胺）溶液：用电子天平称 18 g 氢氧化钠（NaOH）（分析纯），放入洁净干燥的 1 000 mL 烧杯中，加 1 000 mL 蒸馏水使其全部溶解，待溶液冷至室温后，加入 2 mL 三乙醇胺（分析纯），搅拌均匀后储于塑料桶中。

4）钙红指示剂：将 0.2 g 钙试剂羧酸钠与 20 g 预先在 105 ℃烘箱中烘 1 h 的硫酸钾混合，然后一起放入研钵中，研成极细粉末，储于棕色广口瓶中，以防吸潮。

3. 混合料组成的计算

1）干混合料质量 = 湿混合料质量 /（1+ 最佳含水量）。

2）干土质量 = 干混合料质量 /（1+ 水泥或石灰剂量）。

3）水泥（或石灰）质量 = 干混合料质量 – 干土质量。

4）湿土质量 = 干土质量 ×（1+ 含水量）。

5）需加水的质量 = 湿混合料质量 – 湿土质量 – 水泥（或石灰）质量。

二、任务描述

1. 任务资讯

重庆交院和瑞工程检测技术有限公司接到重庆市江津区祥福路重建工程施工一标项目监理部的委托，需要对标段无机结合料稳定基层材料进行 EDTA 滴定试验，检测水泥稳定土中水泥剂量，并完成工程试验记录表。接收样品为干混合料、浅灰色、未见结块、无受潮、无杂物，质量 10 kg。水泥稳定土含水率为 10%，水泥剂量设计值为 4.5%。

任务名称：水泥稳定土中水泥剂量测定。

任务描述：根据委托单位要求和相关规范，对指定样本进行 EDTA 滴定试验，得到水泥稳定土中水泥剂量。

任务周期：3 天。

接受任务后，查询有关资料，完成以下任务：

（1）填写试验任务委托单（表 2-2-1），并进行试验分工，完成表 2-2-2。

（2）编制试验总体方案。

（3）熟悉物料清单和成本核算。

（4）按规范进行试验操作。

（5）记录并分析处理试验数据。

表 2-2-1　试验任务委托单

<table>
<tr><td>委托单位</td><td></td><td>建设单位</td><td></td></tr>
<tr><td>施工单位</td><td></td><td>见证单位</td><td></td></tr>
<tr><td>委托人及电话</td><td></td><td>见证人及电话</td><td></td></tr>
<tr><td>工程名称</td><td>重庆市江津区祥福路重建工程施工一标段</td><td>见证号</td><td>20××××</td></tr>
<tr><td>工程地址</td><td>重庆市江津区双福新区祥福大道</td><td>监督员及电话</td><td></td></tr>
<tr><td>委托日期</td><td>2024.×.×</td><td>监督单位</td><td></td></tr>
<tr><td>检验检测类别</td><td colspan="3">☐ 普通送检　☑ 常规见证送检　☐ 监督抽检　☐ 执法抽检　☐ 其他</td></tr>
<tr><td>工程编码</td><td>01××××</td><td>监督编号</td><td>××××××</td></tr>
<tr><td>样品名称</td><td></td><td>样品数量</td><td></td></tr>
<tr><td>样品描述</td><td colspan="3"></td></tr>
<tr><td colspan="4">以下内容由委托单位按要求填写清楚或根据需要选择以下项目（请√）</td></tr>
<tr><td>报告领取</td><td colspan="3">☑ 凭委托书前台领取　☐ 快递（到付）　报告份数默认为一式 3 份（需更改为一式　份）</td></tr>
<tr><td>检测依据</td><td colspan="3">☑《公路路基路面现场测试规程》（JTG 3450—2019）
☑
☑《公路工程质量检验评定标准》（JTG F80/1—2017）
☑《公路土工试验规程》（JTG 3430—2020）
☑ 公路工程无机结合料稳定材料试验规程（JTG 3441—2024）</td></tr>
<tr><td>检测参数</td><td colspan="3">☑ 水泥剂量</td></tr>
<tr><td>检测方法</td><td colspan="3">☑ EDTA 滴定法</td></tr>
<tr><td>工程部位</td><td colspan="3">路面底基层</td></tr>
</table>

（续表）

送检双方确认	☑ 委托方保证所提供的相关信息与资料的真实性，并承担相应责任，并同意支付检测费用和提供必要的检测协助。 ☑ 样品符合标准或规范要求。检测完成后残余样品处理方式：☑ 不退样 □ 退样 样品接收员签名： 日期： 年 月 日 送样人员签名： 日期： 年 月 日
合同评审	本公司现有资源：☑ 满足客户要求 □ 不满足客户要求，不能接收委托
说明	1. 委托方对送检样品的真实性负责，检测结果只对来样负责；2. 凭委托单查取报告；3. 见证送样（监督送样）时必须提供相关的见证记录（监督抽检通知书），并由见证员（监督员）在委托书上签名；4. 委托时需提供质保书 / 出厂合格证等产品质量证明文件；5. 若对报告有异议，应于收到报告之日起 15 日内，以书面形式向检测单位提出，逾期视为对报告无异议；6. 需退回检测后的残余样品的请在委托时标识好；7. 检测报告用于验收时，委托时必须有监督登记号；8. 委托单填错时，请更改者用杠改法并签名确认
备注	

明确小组内部角色分工，如小组组长、技术员、资料员和检测员，填写表 2–2–2。

表 2–2–2 角色分工

任务：				
序号	角色	职责	人员	备注
1	组长	协调内部分工和进度		
2	资料员	资料整理		
3	技术员	控制检测流程		
4	检测员	配合组长执行任务		

2. 试验仪器

（1）滴定管（酸式）：50 mL，1 支。

（2）滴定台、滴定夹管。

（3）大肚移液管：10 mL，2 支。

（4）锥形瓶：200 mL，5 个。

（5）烧杯：1 000 mL，1 个；300 mL，5 个。

（6）容量瓶：1 000 mL，1 个。

（7）搪瓷杯：1 000 mL，5 个。

（8）量筒：1 000 mL、100 mL、50 mL、10 mL 各 1 个。

（9）电子天平：量程不小于 1 500 g，感量 0.01 g。

（10）表面皿：ϕ9 cm，5 个。

（11）研钵：ϕ12 ~ 13 cm，1 个。

（12）聚乙烯桶：20 L，3 个；5 L，5 个。

（13）其他：胶头滴管，洗耳球，粗玻璃棒，精密试纸（pH12–14），漏斗，秒表，毛刷，药匙若干。

三、任务实施

1. 制订计划

1）仪器设备

根据试验规程查找试验用仪器设备，并填写表 2–2–3。

表 2–2–3　仪器设备

序号	主要仪器	备注	辅助仪器	备注
1				
2				
3				
4				
5				
6				

2）物料清单

根据试验规程查找相应物料，并填写表 2–2–4.

表 2–2–4　物料清单

药品编号	药品名称	配制要求	$\frac{质量}{体积}$（g/mL）
1			
2			
3			
4			
5			

3）人员分工

完成小组人员任务分工，并填写表 2–2–5。

表 2-2-5　人员分工

序号	计划内容	人员	时间（min）	备注
1	试剂和材料准备			
2	水电安全检查			
3	仪器设备准备			
4	仪器设备状态检查			
5	检测人员			
6	记录人员			
7	复核人员			

2. 决策

1）查阅试验规程，说明如何配制试验所需样品。

2）查阅试验规程，说明如何配制试验所需混合料。

3）小组讨论确定本组试验工作流程。

3. 试验

1）试验前的准备工作

在进行试验之前，需要进行如下准备工作。

（1）以情景模拟的形式，到材料库领取材料，并完成表 2-2-6。

表 2-2-6　EDTA 滴定法试验检测记录表

检测编号：　　　　　　　　检测单位名称：　　　　　　　　记录编号：

工程名称				
工程部位 / 用途				
样品信息	来样时间：		样品名称：	样品编号：
	样品数量：		样品状态：	
检测日期		试验条件		
检测依据		判定依据		

（2）准备仪器和试样：根据表 2-2-3、表 2-2-4 完成试验前仪器设备准备，填写表 2-2-7，检查并清洗试验仪器，保证结果的准确性。

表 2-2-7　仪器设备及试样准备

主要仪器设备及编号	
结合料种类	
结合料剂量	

（3）配置试验所需的 4 种试样：

① 0.1 mol/m^3 乙二胺四乙酸二钠（简称 EDTA 二钠）标准液：准确称取 EDTA 二钠（分析纯）37.226 g，用微热的无二氧化碳蒸馏水溶解，待全部溶解并冷至室温后，定容至 1 000 mL。

② 10% 氯化铵（NH_4Cl）溶液：将 500 g 氯化铵（分析纯或化学纯）放在 10 L 的聚乙烯桶内，加蒸馏水 4 500 mL，充分振荡，使氯化铵完全溶解。也可以分批在 1 000 mL 的烧杯内配制，然后倒入塑料桶内摇匀。

③ 1.8% 氢氧化钠（内含三乙醇胺）溶液：准确称取 18 g 氢氧化钠（NaOH）（分析纯），放入洁净干燥的 1000 mL 烧杯中，加 1000 mL 蒸馏水使其全部溶解。待溶液冷至室温后，加入 2 mL 三乙醇胺（分析纯），搅拌均匀后储于 5 L 塑料桶中。

④ 钙红指示剂：将 0.2 g 钙试剂羟酸钠（分子式：$C_{21}H_{14}N_2O_7S$，分子量：460.39）与 20 g 预先在 105 ℃烘箱中烘 1 h 的硫酸钾混合。一起放入研钵中，研成极细粉末，储于棕色广口瓶中，以防吸潮。

2）准备标准曲线

（1）取样：取工地用石灰和土。风干后分别过 2.0 mm 或 2.5 mm 筛，用烘干法或酒精法测其含水率（如为水泥可假定其含水率为 0）。

（2）计算混合料组成。

（3）准备 5 种试样，每种两个样品（以水泥稳定材料为例），如为水泥稳定中、粗粒土，每个样品取 1 000 g 左右；如为细粒土，则可取 300 g 左右。本试验以细粒土样品为例，下同。6 种混合料的水泥剂量应为：水泥剂量为 0，最佳水泥剂量、最佳水泥剂量 ±2% 和最佳水泥剂量 ±4%。土的含水率应与工地所用土含水率相同。建议准备标准曲线的水泥剂量可为 0、2%、4%、6%、8%。

（4）取一个盛有试样的搪瓷杯，在杯内加入 600 mL 10% 氯化铵溶液，用不锈钢搅拌棒充分搅拌 3 min（每分钟搅拌 110 ~ 120 次）。放置沉淀 10 min，如 10 min 后得到的是混浊悬浮液，则应增加放置沉淀时间，直到出现澄清悬浮液为止，并记录所需的时间，以后所有该种水泥（或石灰）土混合料的试验，均应以该时间为准，然后将上层清液转移到 300 mL 烧杯内，搅匀，加盖表面皿待测。

（5）用移液管吸上层（液面下 1 ~ 2 cm）悬浮液 10.0 mL 放入 200 mL 的三角瓶内，用量筒量取 50 mL 1.8% 氢氧化钠（内含三乙醇胺）溶液倒入三角瓶中，此时溶液的 pH 值为 12.5 ~ 13.0（可用 pH12 ~ 14 精密试纸检验），然后加入钙红指示剂（体积约为黄豆粒大小，质量为 0.2 g 左右），摇匀，溶液呈玫瑰红色。用 EDTA 标准溶液滴定至溶液呈纯蓝色为止；记录 EDTA 标准溶液的消耗量（以 mL 计，精确至 0.1 mL）。

（6）对其他几个搪瓷杯中的试样，用同样的方法进行试验，并记录各自的 EDTA 二钠的耗量。

（7）以同一水泥或石灰剂量混合料消耗 EDTA 标准溶液的平均值（单位为 mL）为纵坐标，以水泥或石灰剂量（百分制）为横坐标制图，应为一条顺滑的曲线。若集料、水泥或石灰改变，必须重做标准曲线。

3）试验步骤

（1）选取有代表性的水泥土或石灰土混合料，称 300 g 放在搪瓷杯中，用搅拌棒将结块搅散，然后按 2）准备标准曲线的步骤（4） ~ 步骤（7）绘制标准曲线。

（2）利用所绘制的标准曲线，根据 EDTA 标准溶液的消耗量，确定混合料中的水泥或石灰剂量。

（3）本试验应进行两次平行测定，取算术平均值，精确至 0.1 mL。重复性误差不得大于算术平均值的 5%，否则，应重新进行试验。

4）试验过程中的注意事项

试验过程中，还需要注意如下细节。

（1）加入的药品量必须准确：600 mL 10% 氯化铵溶液，50 mL 1.8% 氢氧化钠（内含三乙醇胺）溶液，0.2 g 钙红指示剂，以保证试验结果准确。

（2）搅拌静置的时间必须充分，保证得到的是澄清悬浮液。

（3）用 EDTA 标准溶液滴定的过程必须缓慢，边摇匀边滴定，EDTA 标准溶液的消耗量必须精确至 0.1 mL。

5）试验后的处理步骤

在进行完试验操作之后，还需要进行如下处理步骤。

（1）计算并统计试验数据：将试验得到的数据进行计算，并绘制标准曲线。

（2）分析试验结果：通过分析试验结果，得出待测混合料中的水泥剂量。

（3）清洗试验设备：在试验结束后，对试验设备进行清洗和消毒，以便下次使用。

6）数据记录及小结

（1）根据试验规程测定无机结合料稳定土中的水泥剂量，并将数据记录于表 2-2-8 中。

表 2-2-8　无机结合料稳定土中水泥剂量测定试验记录（EDTA 滴定法）

编号	结合料剂量	试样质量（g）	EDTA 标准溶液消耗量（mL）		标准曲线
			单次	平均	
1					
2					
3					
4					
5					
6					
7					
8					
9					
10					

（2）根据试验规程测定待测混合料中的水泥剂量，并填写表 2-2-9。

表 2-2-9　水泥或石灰剂量测定记录

工程名称					施工桩号					
混合料名称					稳定剂种类					
试样编号	1		2		3		4		5	
试样质量（g）										
EDTA 标准溶液消耗量（mL）										
结合料剂量										
检测人员										
完成情况										

（3）试验小结。

4. 控制

1）明确检测注意事项及责任分工，完成表 2–2–10。

表 2–2–10　检测注意事项及责任分工

序号	检测注意事项	检测人员	备注

2）小组讨论分析试验过程中出现的失误及预防措施，填写表 2–2–11。

表 2–2–11　失误分析

序号	试验失误	产生原因	预防措施

四、任务评价

1. 小组复盘

各小组根据本组试验情况进行自评及复盘,并填写表 2-2-12。

表 2-2-12　小组复盘

班级		组别		日期		
序号	考评项目	考评要点	考评方法	应得分	实得分	问题说明
1	信息检索	(1)能有效利用网络资源、工作手册查找有效信息 (2)能将查找到的信息有效转换到工作中	能查找有效信息得 2 分,能将信息有效转换到工作中得 3 分	5		
2	职业素养	(1)团结协作 (2)自主试验,没有抄袭 (3)时间观念强,不迟到、早退、旷课	有效团队协作得 5 分,自主试验得 5 分,遵守纪律得 5 分,迟到早退一次扣 5 分,旷课一次扣 10 分,扣完为止	15		
3	试剂配制	(1)试验环境符合要求 (2)称量准确,操作符合要求	试验环境不符合要求扣 5 分,称量错误一次扣 2 分,操作错误一次扣 2 分,扣完为止	10		
4	制备清液	(1)搅拌 3 min (2)静置 4 min	搅拌时长不满足要求一次扣 2 分,静置时长不满足要求一次扣 2 分,扣完为止	10		
5	滴定	(1)操作符合要求 (2)数据记录准确	操作错误一处扣三分,数据记录一次扣 3 分,扣完为止	15		
6	绘制标准曲线	(1)计算准确 (2)绘图正确	计算错误一次扣 3 分,绘图错误一次扣 3 分,扣完为止	15		
7	测定水泥剂量	(1)操作符合要求,数据记录准确 (2)误差满足要求	操作错误一处扣 3 分,数据错误一处扣 3 分,误差不满足要求一处扣 3 分,扣完为止	20		
8	学习工作页	(1)工作页填写完整,无错别字 (2)按时完成,无错误	工作页填写不完整一处扣 2 分,错误一处扣 2 分,不按时完成扣 5 分,扣完为止	10		
自评分数						
有益的经验和做法						
改进措施						

2. 教师评价

教师对各小组进行任务工作过程总评，并填写表 2-2-13。

表 2-2-13 任务工作过程总评

班级			组名		成员姓名	
出勤情况						
评价指标		评价要素		分数	评分明细	评分
一	信息	口述任务内容并分组分工	1. 表述仪态自然、吐字清晰	5	表述仪态不自然或吐字模糊扣 1 分	
			2. 表述思路清晰、层次分明、准确，分组分工明确		表述思路模糊或层次不清扣 2 分，分工不明确扣 2 分	
二	计划	依据根据试验规范制订相关计划	1. 分析试验关键点准确	8	表述思路或层次不清一处扣 2 分	
			2. 制订计划及清单清晰合理		计划及清单不合理一处扣 2 分	
三	决策	选择试验实施方法、设计步骤	1. 试验实施方法	8	一处错误扣 1 分，扣完为止	
			2. 试验实施步骤			
四	实施	试验准备	1. 试验环境（温度、湿度）	5	每漏一项扣 1 分	
			2. 安全检查（水、电）		没有检查扣 1 分	
			3. 试验主要仪器		实操期间缺失扣 2 分	
		操作	1. 正确选用仪器设备	5	选择错误一处扣 1 分，扣完为止	
			2. 查阅资料，正确选择试验参数	3	选择错误扣 1 分，扣完为止	
			3. 依据试验规范进行实训操作（得分依据试验检测评分表）	40	根据操作规范酌情扣分	
		现场	1. 在试验过程中保持干净整齐安全	5	每错一项扣 1 分，扣完此项配分为止	
			2. 试验仪器设备恢复整理，清洁卫生	5	每违反一项扣 1 分，扣完此项配分为止	
五	控制	质量控制	正确读取和计算试验参数并正确分析检测结果，进行质量评定	10	能正确读数并计算试验参数，能进行质量评定，错一项，扣 1 分，扣完为止	
六	评价	工作过程评价	1. 合理自评	3		
			2. 合理互评	3		
合计				100		
提出改进措施						

项目三
路面现场质量检测

知识目标

1. 掌握现场测试随机选点方法，中线偏位、纵断高程、宽度、横坡的概念，以及宽度、高程、中线偏位、纵断高程、宽度、横坡的测定步骤及数据处理方法。

2. 掌握三米直尺法测路面平整度的试验原理、步骤、注意事项及数据处理方法。

3. 掌握手工铺砂法测定路面抗滑性能试验的原理、方法、步骤、注意事项及数据处理方法。

4. 掌握摆式仪测路面抗滑性能试验的原理、方法、步骤、注意事项及数据处理方法。

5. 掌握灌砂法测定路基压实度试验的原理、方法、步骤、注意事项及数据处理方法。

能力目标

1. 能根据任务要求完成各试验。

2. 能够分小组试验，通过情境化的任务，学习解决工程实际问题。

3. 能够正确记录试验数据，并对试验数据进行分析和处理。

素质目标

1. 具备解决试验中出现的问题的能力，能够持续学习新的试验技术和试验仪器。

2. 分工有序，能够与团队成员进行有效的沟通和协作。

3. 关注试验操作的规范性，并具备自我评估和优化的能力。

4. 严格记录，文明操作，遵守职业道德，具有社会责任感和安全环保意识。

任务一 路面几何尺寸检测

一、必备知识

路基路面各部分的宽度、高程及中线偏位等几何尺寸需按规定检测，以供道路施工、路面交工验收及旧路调查使用。几何尺寸检测所用的仪器与材料有钢尺、经纬仪、全站仪、精密水准仪、塔尺、粉笔等。土方和填石路基的几何尺寸检测项目参见《公路工程质量检验评定标准》（JTG F80/1—2017）。土方和填石路基实测项目包括纵断面高程、中线偏位、路基路面宽度、横坡和边坡等实测项目。

路面几何尺寸检测操作视频

二、任务描述

1. 任务资讯

重庆市江津区祥福路重建工程施工一标项目监理部需对路基工程进行几何尺寸的测量与评估，现委托重庆交院和瑞工程检测技术有限公司提供相应的专业服务，重庆交院和瑞工程检测技术有限公司负责对委托方指定的路基工程进行详细的几何尺寸测量，并提供准确的测量数据，包括但不限于路基长度、宽度、高度、坡度等。本次路基试验段位于重庆市江津区祥福路，全长 2 km 左右，路基表面平整，边线直顺，曲线圆滑，边坡平顺、稳定，不得亏坡，曲线圆滑。请模拟任务完成过程，并填写工程试验记录表。

任务名称：路基几何尺寸检测。

任务描述：根据委托单位要求和相关规范，对指定路基进行几何尺寸检测，测定路基长度、宽度、高度、坡度等检测指标。

任务周期：5 天。

接受任务后，查询有关资料，完成以下任务：

（1）填写试验任务委托单（表 3-1-1），并进行检测分工，完成表 3-1-2。

（2）编制检测总体方案。

（3）熟悉物料清单和成本核算。

（4）按规范进行检测操作。

（5）记录并处理检测数据。

表 3-1-1　路面几何尺寸检测任务委托单

委托单位		建设单位	
施工单位		见证单位	
委托人及电话		见证人及电话	
工程名称	重庆市江津区祥福路重建工程施工一标段	见证号	20××××
工程地址	重庆市江津区双福新区祥福大道	监督员及电话	
委托日期	2024.×.×	监督单位	
检验检测类别	☐ 普通送检　☐ 常规见证送检　☑ 监督抽检　☐ 执法抽检　☐ 其他		
工程编码	01××××	监督编号	××××××
路段位置		路段长度	
路段描述			
以下内容由委托单位按要求填写清楚或根据需要选择以下项目（请√）			
报告领取	☑ 凭委托书前台领取　☐ 快递（到付）报告份数默认为一式 3 份（需更改为一式　份）		
检测依据	☑《公路路基路面现场测试规程》（JTG 3450—2019） ☑《公路工程质量检验评定标准》（JTG F80/1—2017）		
检测参数	☑ 路面宽度　☑ 高程　☑ 横坡坡度　☑ 纵坡坡度　☑ 中线偏位		
检测方法	水准仪法、全站仪法		
工程部位	路基 3.5 Mpa 水泥稳定碎石		
送检双方确认	☑ 委托方保证所提供的相关信息与资料的真实性，并承担相应责任，并同意支付检测费用和提供必要的检测协助 ☐ 样品符合标准或规范要求。检测完成后残余样品处理方式：☐ 不退样　☐ 退样 样品接收员签名：　　　日期：　　年　月　日 送样人员签名：　　　日期：　　年　月　日		
合同评审	本公司现有资源：☑ 满足客户要求　　☐ 不满足客户要求，不能接收委托		
说明	1. 委托方对送检样品的真实性负责，检测结果只对来样负责；2. 凭委托单查取报告；3. 见证送样（监督送样）时必须提供相关的见证记录（监督抽检通知书），并由见证员（监督员）在委托书上签名；4. 委托时需提供质保书 / 出厂合格证等产品质量证明文件；5. 若对报告有异议，应于收到报告之日起 15 日内，以书面形式向检测单位提出，逾期视为对报告无异议；6. 需退回检测后的残余样品的请在委托时标识好；7. 检测报告用于验收时，委托时必须有监督登记号；8. 委托单填错时，请更改者用杠改法并签名确认		
备注			

明确部门小组内部角色分工，如小组组长、技术员、资料员和检测员，填写表 3–1–2。

表 3–1–2　角色分工

任务：				
序号	角色	职责	人员	备注
1	组长	协调内部分工和进度		
2	资料员	资料整理		
3	技术员	控制检测流程		
4	检测员	配合组长执行任务		

2. 试验仪器

（1）全站仪、精密水准仪、塔尺。

（2）长度量具：钢尺、卷尺。

（3）其他：粉笔。

三、任务实施

1. 制订计划

1）仪器设备

按照试验规程查找试验用仪器设备，并填写表 3–1–3。

表 3–1–3　试验用仪器设备

序号	主要仪器	备注	辅助仪器	备注
1				
2				
3				
4				
5				
6				

2）测点选择

选择测点，并填写表 3–1–4。

表 3–1–4　测点选择

测点编号	横距	状态
1		
2		
3		
4		
5		

3）人员分工

完成小组人员任务分工，填写表 3-1-5。

表 3-1-5　人员分工

序号	计划内容	人员	备注
1	路段准备		
2	安全检查		
3	仪器设备准备		
4	环境记录		
5	检测人员		
6	记录人员		
7	复核人员		

2. 决策

1）查阅试验规程，说明路面几何尺寸检测的注意事项。

2）查阅试验规程，说明如何计算评定路面几何尺寸。

3）小组讨论确定本组试验工作流程。

3. 试验

1）试验前的准备工作

在进行路面几何尺寸检测之前，需要进行如下准备工作，以确保试验的准确性。

（1）完成试验前仪器设备准备，并完成表 3–1–6。

表 3–1–6　主要仪器及路况

主要仪器设备及编号	
路况说明	

（2）选择测点。

根据有关施工规范或工程质量检验评定标准的要求，按随机取样的方法，在一个检测路段内选取测定的断面位置及里程桩号；确定路基路面各部分的设计宽度的边界位置；确定设计高程时的纵断面位置，在与中线垂直的横断面上确定成型后路面的实际中心位置；确定曲线与直线部分的交界位置及路面与路肩（或硬路肩）的交界处，并将其作为横坡检验的基准，当有路缘石或中央隔带时，以两侧路缘石边缘为横坡测定的基准点，在测定断面作标记。

2）试验步骤

（1）纵断面高程测定

① 将精密水准仪架设在路上平顺处整平，以路线附近的水准点高程为基准，依次将塔尺竖立在中线的测定位置上，测记测定点的高程读数，单位为 m，并精确至 0.001 m。

② 连续测定全部测点，并与水准点闭合。各测点的实测高程与设计高程差按式（3–1）计算：

$$\Delta H=H_i-H_{0i} \tag{3-1}$$

其中，ΔH 为高程差，单位为 m；H_i 为实测高程，单位为 m；H_{0i} 为设计高程，单位为 m。

纵断面高程检测准确的关键在于测定高程的位置是否准确。

（2）横坡测定

对于无中央分隔带的公路路面，横坡是指路拱两侧直线部分的坡度；对于有中央分隔带的公路路面，横坡是指路面与中央分隔带交界处及路面边缘与路肩交界处两点的高程差与水平距离的比值，以百分率表示。其测定方法如下：

① 对设有中央分隔带的路面，测定横坡时，将精密水准仪架设在路面平顺处整平，将塔尺分别竖立在路面与中央分隔带分界的路缘带边缘 d_1 处以及路面与路肩交界（或外侧路缘石主缘）的标记 d_2 处，d_1 和 d_2 测点必须在同一横断面上。测量 d_1 和 d_2 处的高程，记录高程读数，单位为 m，并精确至 0.001 m。

② 对无中央分隔带的路面，测定横坡时，将精密水准仪架设在路面平顺处整平，将塔尺分别竖在路拱曲线与直线部分的交界位置 d_1 处，以及路面与路肩交界位置 d_2 处，d_1 和 d_2 测点必须在同一横断面上。测量 d_1 和 d_2 处的高程，记录高程读数，单位为 m，并精确至 0.001 m。

③ 用钢尺测量两测点的水平距离 B_i，单位为 m。对于高速公路及一级公路，精确至 0.005 m；对于其他等级公路，准确至 0.01 m。

各测点断面的横坡度，按式（3–2）计算：

$$i_1=\frac{h_{d1}-h_{d2}}{B_i}\times 100\% \quad (3-2)$$

其中，i_1 为各断面的实测横坡；h_{d1} 及 h_{d2} 分别为各断面测点 d_1 及 d_2 处的高程读数，单位为 m；B_i 为各断面测点 d_1 与 d_2 之间的水平距离，单位为 m。

计算实测横坡与设计横坡之差为：

$$\Delta i=i_i-i_{0i} \quad (3-3)$$

其中，i_{0i} 为各断面的设计横坡；i_i 为各测定断面的横坡和设计横坡的差值。

（3）路基、路面宽度及中线偏差测定

路基宽度是指行车道与路肩宽度之和，单位为 m；路面宽度包括行车道、路缘带、变速车道、爬坡车道、硬路肩和紧急停车带的宽度，单位为 m。其测定方法为：用钢尺沿中心线垂直方向水平量取路基、路面各部分的宽度，单位为 m。对于高速公路及一级公路，精确至 0.005 m；对于其他公路，精确至 0.01 m。测量时量尺应保持水平，不得将量尺紧贴路面量取，也不得使用皮尺量取。各测定断面的实测宽度 B_i 与设计宽度 B_{oi} 之差 ΔB_i 为：

$$\Delta B_i=B_i-B_{0i} \quad (3-4)$$

3）检测过程中的注意事项

在进行路面几何尺寸测定时，还需要注意如下细节：

（1）路面宽度必须是水平宽度。

（2）由于纵断面高程规定的断面位置在道路设计时并不统一，所以不规定测定断面的位置，仅规定按道路设计标准决定断面位置。纵断面高程检测的关键在于测定高程的位置是否准确，因此恢复桩号位置一定要准确。

（3）测定横坡时，如果中心线处有路拱，那测定值仅仅是平均横坡，此时要按设计横断面图换算成设计的平均横坡，再进行比较。

4）试验后的处理步骤

在试验结束后，还需要进行如下处理步骤：

（1）纵断面高程检测报告中应报告实测高程与设计高程的差值，实测高程低于设计高程则为负，实测高程高于设计高程则为正。

（2）路面横坡检测报告中应报告实测横坡与设计横坡的差值，实测横坡小于设计横坡则为负，实测横坡大于设计横坡则为正。

5）数据记录及小结

（1）记录路面几何尺寸，填写表 3–1–7。

表 3-1-7　路基路面高程、横坡试验检测报告表

检测单位名称(专用章):　　　　　　　　　　　　　　　　　　　　报告编号:

<table>
<tr><td colspan="2"></td><td colspan="3"></td><td>工程名称</td><td colspan="2"></td></tr>
<tr><td colspan="2">工程部位 / 用途</td><td colspan="6"></td></tr>
<tr><td colspan="2">样品信息</td><td colspan="6"></td></tr>
<tr><td colspan="2">检测依据</td><td colspan="3"></td><td>判定依据</td><td colspan="2"></td></tr>
<tr><td colspan="2">主要仪器设备
名称及编号</td><td colspan="6"></td></tr>
<tr><td colspan="2">检测路段</td><td colspan="3"></td><td>结构层次</td><td colspan="2"></td></tr>
<tr><td colspan="8">检测结果</td></tr>
<tr><td>序号</td><td>测点桩号(幅段)</td><td>实测高程(m)</td><td>偏差(mm)</td><td>合格判定</td><td>实测横坡</td><td>偏差</td><td>合格判定</td></tr>
<tr><td></td><td></td><td></td><td></td><td></td><td></td><td></td><td></td></tr>
<tr><td></td><td></td><td></td><td></td><td></td><td></td><td></td><td></td></tr>
<tr><td></td><td></td><td></td><td></td><td></td><td></td><td></td><td></td></tr>
<tr><td></td><td></td><td></td><td></td><td></td><td></td><td></td><td></td></tr>
<tr><td></td><td></td><td></td><td></td><td></td><td></td><td></td><td></td></tr>
<tr><td></td><td></td><td></td><td></td><td></td><td></td><td></td><td></td></tr>
<tr><td></td><td></td><td></td><td></td><td></td><td></td><td></td><td></td></tr>
<tr><td></td><td></td><td></td><td></td><td></td><td></td><td></td><td></td></tr>
<tr><td></td><td></td><td></td><td></td><td></td><td></td><td></td><td></td></tr>
<tr><td></td><td></td><td></td><td></td><td></td><td></td><td></td><td></td></tr>
<tr><td>高程测点数</td><td></td><td>合格数</td><td></td><td>合格率</td><td></td><td>允许偏差(mm)</td><td></td></tr>
<tr><td>横坡测点数</td><td></td><td>合格数</td><td></td><td>合格率</td><td></td><td>允许偏差(mm)</td><td></td></tr>
<tr><td colspan="8">检测结论:</td></tr>
</table>

(2)检测小结。

4. 控制

1）明确检测注意事项及责任分工（表 3-1-8）。

表 3-1-8　检测注意事项及责任分工

序号	检测注意事项	检测人员	备注

2）小组讨论分析检测过程中的失误及相应预防措施（表 3-1-9）。

表 3-1-9　失误分析

序号	试验失误	产生原因	预防措施

四、任务评价

1. 小组复盘

各小组根据本组试验情况进行自评及复盘，并填写表 3-1-10。

表 3-1-10　小组复盘

班级		组别		日期		
序号	考评项目	考评要点	考评方法	应得分	实得分	问题说明
1	信息检索	（1）能有效利用网络资源、工作手册查找有效信息 （2）能将查找到的信息有效转换到工作中	能查找有效信息得 2 分，能将信息有效转换到工作中得 3 分	5		
2	职业素养	（1）团结协作 （2）自主试验，没有抄袭 （3）时间观念强，不迟到、早退、旷课	有效团队协作得 5 分，自主试验得 5 分，遵守纪律得 5 分，迟到早退一次扣 5 分，旷课一次扣 10 分，扣完为止	15		

（续表）

<table>
<tr><th>序号</th><th>考评项目</th><th>考评要点</th><th>考评方法</th><th>应得分</th><th>实得分</th><th>问题说明</th></tr>
<tr><td>3</td><td>高程检测</td><td>操作符合要求</td><td>操作错误一处扣 3 分，扣完为止</td><td>15</td><td></td><td rowspan="3"></td></tr>
<tr><td>4</td><td>横坡坡度检测</td><td>操作符合要求</td><td>操作错误一处扣 3 分，扣完为止</td><td>15</td><td></td></tr>
<tr><td>5</td><td>边坡坡度检测</td><td>操作符合要求</td><td>操作错误一处扣 3 分，扣完为止</td><td>15</td><td></td></tr>
<tr><td>6</td><td>中线偏位测定</td><td>（1）操作符合规范
（2）读数准确</td><td>操作错误一处扣 3 分，读数错误一处扣 3 分，扣完为止</td><td>15</td><td></td><td></td></tr>
<tr><td>7</td><td>数据处理</td><td>（1）计算准确</td><td>计算错误一处扣 5 分，扣完为止</td><td>10</td><td></td><td></td></tr>
<tr><td>8</td><td>学习工作页</td><td>（1）工作页填写完整，无错别字
（2）按时完成，无错误</td><td>工作页填写不完整一处扣 2 分，错误一处扣 2 分，不按时完成扣 5 分，扣完为止</td><td>10</td><td></td><td></td></tr>
<tr><td colspan="2">自评分数</td><td colspan="5"></td></tr>
<tr><td colspan="2">有益的经验和做法</td><td colspan="5"></td></tr>
<tr><td colspan="2">改进措施</td><td colspan="5"></td></tr>
</table>

2. 教师评价

教师按照评分标准对各小组进行任务工作过程总评，完成表 3-1-11。

表 3-1-11　任务工作过程总评

<table>
<tr><td colspan="2">班级</td><td></td><td>组名</td><td colspan="2"></td><td>成员姓名</td><td></td></tr>
<tr><td colspan="2">出勤情况</td><td colspan="6"></td></tr>
<tr><td colspan="2">评价指标</td><td colspan="2">评价要素</td><td>分数</td><td colspan="2">评分明细</td><td>评分</td></tr>
<tr><td rowspan="2">一</td><td rowspan="2">信息</td><td rowspan="2">口述任务内容并分组分工</td><td>1. 表述仪态自然、吐字清晰</td><td rowspan="2">5</td><td colspan="2">表述仪态不自然或吐字模糊扣 1 分</td><td rowspan="2"></td></tr>
<tr><td>2. 表述思路清晰、层次分明、准确，分组分工明确</td><td colspan="2">表述思路模糊或层次不清扣 2 分，分工不明确扣 2 分</td></tr>
</table>

（续表）

评价指标		评价要素		分数	评分明细	评分
二	计划	根据试验规范制订相关计划	1. 分析试验关键点准确	8	表述思路或层次不清一处扣2分	
			2. 制订计划及清单清晰合理		计划及清单不合理一处扣2分	
三	决策	选择试验实施方法、设计步骤	1. 试验实施方法	8	一处错误扣1分，扣完为止	
			2. 试验实施步骤			
四	实施	试验准备	1. 试验环境（温度、湿度）	5	每漏一项扣1分	
			2. 安全检查（水、电）		没有检查扣1分	
			3. 试验主要仪器		实操期间缺失扣2分	
		操作	1. 正确选用仪器设备	5	选择错误一处扣1分，扣完为止	
			2. 查阅资料，正确选择试验参数	3	选择错误扣1分，扣完为止	
			3. 依据试验规范进行实训操作（得分依据试验检测评分表）	40	根据操作规范酌情扣分	
		现场	1. 在试验过程中保持干净整齐安全	5	每错一项扣1分，扣完此项配分为止	
			2. 试验仪器设备恢复整理，清洁卫生	5	每违反一项扣1分，扣完此项配分为止	
五	控制	质量控制	正确读取和计算试验参数并正确分析检测结果，进行质量评定	10	能正确读数并计算试验参数，能进行质量评定，错一项，扣1分，扣完为止	
六	评价	工作过程评价	1. 合理自评	3		
			2. 合理互评	3		
合计				100		
提出改进措施						

任务二 三米直尺测路面平整度

一、必备知识

1. 路面平整度

路面平整度是指路表面相对于理想平面的竖向偏差，与其下各结构层的平整状况有一定的联系。各结构层的平整效果将累计反映到路面上来。

三米直尺测路面平整度操作视频

路面不平整，会增大形成阻力，造成行车颠簸，产生附加振动，影响乘客舒适性；振动产生额外冲击力，加剧路面和车辆损坏；还会形成路面积水，加速路面损坏，给行人带来安全隐患。

检测路面平整度可以确定路面是否具有适应汽车行驶的平整性，判明路面结构层的破坏情况。从施工和养护的角度，可以控制路面施工质量与竣工验收，还可以根据测定的路面平整度指标确定养护维修计划。

2. 单尺检测路面的平整度

单尺检测路面的平整度，以三米直尺与路面的最大间隙为测定结果。连续测定 10 尺时，判断每个测定值是否合格，根据式（3–5）计算合格率，并计算 10 尺检测的最大间隙的平均值。

$$合格率 = 合格尺数 / 总测尺数 \times 100\% \tag{3–5}$$

单尺检测路面平整度时，应随时记录测试位置及检测结果。

连续测定 10 尺时，应报告平均值、不合格尺数、合格率。

《公路工程质量检验评定标准》（JTG F80/1—2017）中对于高速公路和一级公路的路面面层取消了三米直尺作为平整度的检验评定指标，而采用连续式平整度仪为主。对于采用三米直尺作为平整度的检验评定指标的公路，按尺数的合格率计分。

二、任务描述

1. 任务资讯

重庆市江津区祥福路重建工程施工一标项目监理部需对路面工程进行平整度的测量与评估，现委托重庆交院和瑞工程检测技术有限公司提供相应的专业服务，重庆交院和瑞工程检测技术有限公司负责对委托方指定的路面工程进行平整度测量，并提供准确的测量数据，对测试路面平整度做出质量评定。本次路面试验段位于重庆市江津区祥福路，全长 2 km 左右，路面为沥青混凝土路面，平整干净、标线清晰。请模拟任务完成过程，并填写工程试验记录表。

任务名称：路面平整度检测。

任务描述：根据委托单位要求和相关规范，对指定路面进行平整度检测，评定其质量。

任务周期：3 天。

接受任务后，查询有关资料，完成以下任务：

（1）填写试验任务委托单（表 3-2-1），并进行试验分工，完成表 3-2-2。

（2）编制检测总体方案。

（3）熟悉物料清单和成本核算。

（4）按规范进行检测操作。

（5）记录并处理检测数据。

表 3-2-1　路面平整度检测任务委托单

工程编码：　　　　　　　　　　　　　　　　　　　　委托单编号：

<table>
<tr><td>委托单位</td><td></td><td>建设单位</td><td></td></tr>
<tr><td>施工单位</td><td></td><td>见证单位</td><td></td></tr>
<tr><td>委托人及电话</td><td></td><td>见证人及电话</td><td></td></tr>
<tr><td>工程名称</td><td>重庆市江津区祥福路重建工程施工一标段</td><td>见证号</td><td>20××××</td></tr>
<tr><td>工程地址</td><td>重庆市江津区双福新区祥福大道</td><td>监督员及电话</td><td></td></tr>
<tr><td>委托日期</td><td>2024.×.×</td><td>监督单位</td><td></td></tr>
<tr><td>检验检测类别</td><td colspan="3">☐ 普通送检　☑ 常规见证送检　☐ 监督抽检　☐ 执法抽检　☐ 其他</td></tr>
<tr><td>工程编码</td><td>01××××</td><td>监督编号</td><td>××××××</td></tr>
<tr><td>路段位置</td><td></td><td>路段长度</td><td></td></tr>
<tr><td>路段描述</td><td colspan="3"></td></tr>
<tr><td colspan="4">以下内容由委托单位按要求填写清楚或根据需要选择以下项目（请√）</td></tr>
<tr><td>报告领取</td><td colspan="3">☑ 凭委托书前台领取　☐ 快递（到付）　报告份数默认为一式 3 份（需更改为一式　份）</td></tr>
<tr><td>检测依据</td><td colspan="3">☑《公路路基路面现场测试规程》（JTG 3450—2019）
☑《公路工程质量检验评定标准》（JTG F80/1—2017）</td></tr>
<tr><td>检测参数</td><td colspan="3">☐ 水泥混凝土路面平整度　☑ 沥青混凝土路面平整度　☐ 道路基层平整度</td></tr>
<tr><td>检测方法</td><td colspan="3">☐ 智能检测车　☑ 三米直尺法　☐ 其它</td></tr>
<tr><td>工程部位</td><td colspan="3">路面</td></tr>
<tr><td>送检双方确认</td><td colspan="3">☑ 委托方保证所提供的相关信息与资料的真实性，并承担相应责任，并同意支付检测费用和提供必要的检测协助
☐ 样品符合标准或规范要求。检测完成后残余样品处理方式：☐ 不退样　☐ 退样
样品接收员签名：　　　　日期：　　年　月　日
送样人员签名：　　　　日期：　　年　月　日</td></tr>
<tr><td>合同评审</td><td colspan="3">本公司现有资源：☑ 满足客户要求　　☐ 不满足客户要求，不能接收委托</td></tr>
<tr><td>说明</td><td colspan="3">1. 委托方对送检样品的真实性负责，检测结果只对来样负责；2. 凭委托单查取报告；3. 见证送样（监督送样）时必须提供相关的见证记录（监督抽检通知书），并由见证员（监督员）在委托书上签名；4. 委托时需提供质保书 / 出厂合格证等产品质量证明文件；5. 若对报告有异议，应于收到报告之日起 15 日内，以书面形式向检测单位提出，逾期视为对报告无异议；6. 需退回检测后的残余样品的请在委托时标识好；7. 检测报告用于验收时，委托时必须有监督登记号；8. 委托单填错时，请更改者用杠改法并签名确认</td></tr>
<tr><td>备注</td><td colspan="3"></td></tr>
</table>

明确小组内部角色分工，如小组组长、技术员、资料员和检测员，填写表 3-2-2。

表 3-2-2　角色分工

任务：				
序号	角色	职责	人员	备注
1	组长	协调内部分工和进度		
2	资料员	资料整理		
3	技术员	控制检测流程		
4	检测员	配合组长执行任务		

2. 检测仪器

（1）三米直尺：测量基准面长度为 3 m，基准面应平直，用硬木或铝合金钢等材料制成，如图 3-2-1 所示。

图 3-2-1　三米直尺

（2）最大间隙测量器具

① 楔形塞尺：硬木或金属制的三角形塞尺，有手柄。塞尺的长度与高度之比不小于 10，宽度不大于 15 mm，边部有高度标记，刻度读数分辨率小于或等于 0.2 mm，如图 3-2-2 所示。

② 深度尺：金属制的深度测量尺，有手柄。深度尺测量杆端头直径不小于 10 mm，刻度读数分辨率小于或等于 0.5 mm。

③ 皮尺（图 3-2-3）或钢尺、粉笔、扫帚等。

图 3-2-2　楔形塞尺

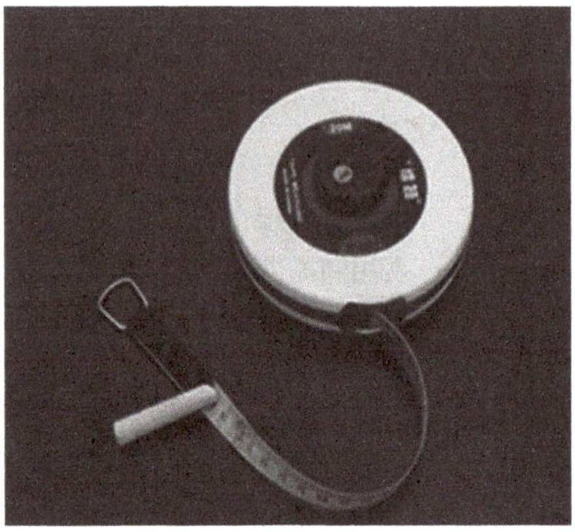

图 3-2-3　皮尺

三、任务实施

1. 制订计划

1）仪器设备

根据检测规程查找检测用仪器设备，填写表 3-2-3。

表 3-2-3　仪器设备

序号	主要仪器	备注	辅助仪器	备注
1				
2				
3				
4				
5				
6				

2）测点规划

将测点的横距及状态规划填入表 3-2-4。

表 3-2-4　测点规划

测点编号	横距	状态
1		
2		
3		
4		
5		

3）人员分工

完成人员任务分工，填入表 3-2-5。

表 3-2-5　人员分工

序号	计划内容	人员	备注
1	路段准备		
2	安全检查		
3	仪器设备准备		
4	仪器设备状态检查		
5	检测人员		
6	记录人员		
7	复核人员		

2. 决策

1）查阅检测规程，说明采用三米直尺法测路面平整度的注意事项。

2）查阅检测规程，说明如何计算评定路面平整度。

3）小组讨论制定本组试验工作流程。

3. 试验

1）试验前的准备工作

在采用三米直尺法测路面平整度之前，需要进行一些准备工作，以确保试验的准确性。

（1）完成试验前仪器设备准备，填写表 3-2-6。

表 3-2-6　仪器设备及路况说明

主要仪器设备及编号	
路况说明	

（2）清洁路面，确定测点位置。

2）检测步骤

（1）选择测点

若在沥青路面施工过程中进行质量检测，测试地点应选在接缝处，以单杆测定评定；除高速公路以外，该法可用于其他等级公路路基路面工程质量检查验收或进行路况评定。除需满足特殊需要外，应以行车道一侧车轮轮迹（距车道线 0.8 ~ 1.0 m）作为连续测定的标准位置。对于已形成车辙的路面，应取车辙中间位置为测定位置，并用粉笔在路面上做好标记。

（2）摆放三米直尺

在施工过程中检测时，根据需要确定的方向，将三米直尺摆在测点的路面上。

（3）确定最大间隙位置

目测三米直尺底面与路面之间的间隙情况，确定最大间隙所在位置。

（4）测量

用有高度标线的塞尺塞进最大间隙处，量记其最大间隙的高度（单位为 mm）。或用深度尺在最大间隙的位置测量直尺上顶面距地面的深度，该深度减去尺高即为该测点的最大间隙的高度，精确到 0.5 mm。

施工结束后检测时，每处测点连续检测 5 尺，按上述（1）~（4）步骤测量 5 个最大间隙。

3）检测过程中的注意事项

在用三米直尺法测路面平整度时，还需要注意如下细节：

（1）保证使用三米直尺时两端平放，如使用木质直尺，还应确保其表面平整无翘曲；

（2）在使用三米直尺进行测量时，应该避免强光照射，以免影响读数精度；

（3）在三米直尺上要准确标注单位标尺，如厘米、米，并使用增白笔和黑色笔来区分。

4）检测后的处理步骤

（1）连续测定 5 尺后，判断每个测定值是否合格，根据要求计算合格率，并计算 5 个最大间隙的平均值。

（2）连续测定 5 尺后，应报告平均值、不合格尺数、合格率。

（3）对于采用三米直尺作为平整度的检验评定指标的公路，按尺数的合格率计分。

5）数据记录及小结

（1）路面平整度检测数据记录，填写表 3-2-7。

表 3-2-7　路基路面平整度检测报告（三米直尺法）

检测单位名称（专用章）：　　　　　　　　　　　　　　报告编号：

施工 / 委托单位		工程名称	
工程部位 / 用途			
样品信息			
检测依据		判定依据	
主要仪器设备名称及编号			
检测路段		结构层次	

（续表）

序号	桩号及位置	最大间隙（mm）	测定平均值（mm）	平整度规定值（mm）	结果判定
总尺数		合格尺数		合格率	
检测结论：					

（2）检测小结。

4. 控制

1）明确检测注意事项及责任分工，填写表 3-2-8。

表 3-2-8　检测注意事项及责任分工

序号	检测注意事项	检测人员	备注

2）讨论分析检测过程中出现的失误及相应预防措施，填写表 3-2-9。

表 3-2-9　失误分析

序号	检测失误	产生原因	预防措施

四、任务评价

1. 小组复盘

表 3-2-10　小组复盘

班级		组别		日期		
序号	考评项目	考评要点	考评方法	应得分	实得分	问题说明
1	信息检索	（1）能有效利用网络资源、工作手册查找有效信息 （2）能将查找到的信息有效转换到工作中	能查找有效信息得 2 分，能将信息有效转换到工作中得 3 分	5		
2	职业素养	（1）团结协作 （2）自主试验，没有抄袭 （3）时间观念强，不迟到、早退、旷课	有效团队协作得 5 分，自主试验得 5 分，遵守纪律得 5 分，迟到早退一次扣 5 分，旷课一次扣 10 分，扣完为止	15		
3	路面清洁	（1）待测路面清洁干净 （2）选点正确	路面未清洁扣 5 分，选点不正确扣 5 分	10		
4	摆尺	3 米直尺摆放方向正确规范	3 米直尺摆放方向错误扣 5 分，操作错误一处扣 2 分，扣完为止	10		
5	塞尺	操作符合要求	操作错误一处扣 2 分，扣完为止	10		
6	最大间隙测定	（1）操作符合规范 （2）读数准确	操作错误一处扣 2 分，读数错误一处扣 2 分，扣完为止	20		

（续表）

序号	考评项目	考评要点	考评方法	应得分	实得分	问题说明
7	数据处理	计算准确，填写满足要求	计算错误一处扣5分，扣完为止	20		
8	学习工作页	（1）工作页填写完整，无错别字 （2）按时完成，无错误	工作页填写不完整一处扣2分，错误一处扣2分，不按时完成扣5分，扣完为止	10		
自评分数						
有益的经验和做法						
改进措施						

2. 教师评价

教师按照评分标准对各小组进行任务工作过程总评，填写表3-2-11。

表3-2-11　任务工作过程总评

班级		组名		成员姓名		
出勤情况						
评价指标		评价要素		分数	评分明细	评分
一	信息	口述任务内容并分组分工	1. 表述仪态自然、吐字清晰	5	表述仪态不自然或吐字模糊扣1分	
			2. 表述思路清晰、层次分明、准确，分组分工明确		表述思路模糊或层次不清扣2分，分工不明确扣2分	
二	计划	根据试验规范制订相关计划	1. 分析试验关键点准确	8	表述思路或层次不清一处扣2分	
			2. 制订计划及清单清晰合理		计划及清单不合理一处扣2分	
三	决策	选择试验实施方法、设计步骤	1. 试验实施方法	8	一处错误扣1分，扣完为止	
			2. 试验实施步骤			
四	实施	试验准备	1. 试验环境（温度、湿度）	5	每漏一项扣1分	
			2. 安全检查（水、电）		没有检查扣1分	
			3. 试验主要仪器		实操期间缺失扣2分	

（续表）

评价指标		评价要素		分数	评分明细	评分
四	实施	操作	1. 正确选用仪器设备	5	选择错误一处扣 1 分，扣完为止	
			2. 查阅资料，正确选择试验参数	3	选择错误扣 1 分，扣完为止	
			3. 依据试验规范进行实训操作（得分依据试验检测评分表）	40	根据操作规范酌情扣分	
		现场	1. 在试验过程中保持干净整齐安全	5	每错一项扣 1 分，扣完此项配分为止	
			2. 试验仪器设备恢复整理，清洁卫生	5	每违反一项扣 1 分，扣完此项配分为止	
五	控制	质量控制	正确读取和计算试验参数并正确分析检测结果，进行质量评定	10	能正确读数并计算试验参数，能进行质量评定，错一项，扣 1 分，扣完为止	
六	评价	工作过程评价	1. 合理自评	3		
			2. 合理互评	3		
合计				100		
提出改进措施						

任务三　手工铺砂法测定路面抗滑性能

一、必备知识

路面抗滑性能是指路面抵抗车辆轮胎受到制动时沿表面滑移的能力，是反映路面安全性能的一个指标，也是一项非常重要的路面质量评定指标。路面抗滑性能不足，会导致车辆空转滑移、横向滑移以及制动距离增大。常见的路面抗滑性能测试方法比较见表 3-3-1。

手工铺砂法测定抗滑性能操作视频

表 3–3–1　路面抗滑性能测试方法比较

测试方法	测试原理	测试指标	适用范围
手工铺砂法、电动铺砂法	将已知体积的砂，摊铺在测点路表上，量取摊平覆盖的面积。砂的体积与所覆盖平均面积的比值，即为构造深度	构造深度 TD（mm）	适用于测试沥青路面及无刻槽水泥混凝土路面表面构造深度
车载式激光构造深度仪法	发射光线，用 200 多个二极管接收返回光束，利用二极管被点亮的时间差算出所测路面的构造深度	构造深度 TD（mm）	适用于测试沥青路面及无刻槽水泥混凝土路面表面构造深度
摆式仪法	摆锤从一定高度自由下摆，与地面接触消耗部分能量，使摆锤只能摆到一定高度，表面摩阻力越大，摆高度越小	摆值 FB（BPN）	适用于以指针式摆式仪测试无刻槽水泥路面和沥青路面的摆值 FB
横向力系数测试系统法	安装有标准轮胎的汽车以一定速度在潮湿路面行驶，试验轮胎受到侧向摩阻作用，摩阻力除以试验轮胎上的载重，即为横向力系数	横向力系数 SFC	适用于单轮式横向力系数测试系统在新、改建路面工程质量验收和无严重坑槽、车辙等病害的正常行车条件下连续采集路面的横向力系数

高速公路、一级公路的路面应具有良好的抗滑性能，其沥青路面抗滑性能应符合规范的要求；二级公路及三级公路应根据各路段的具体情况采取必要的技术措施，以提高路面抗滑性能。

在设计高速公路、一级公路的沥青面层时，应选用抗滑、耐磨石料，其石料磨光值应大于 42。高速公路、一级公路宜在竣工后第一个夏季采用摩阻系数测定车，以 50 ± 1 km/h 的车速测定横向力系数；宏观构造深度应在竣工后第一个夏季用铺砂法或激光构造深度仪测定，此时的测定值应符合表 3–3–2 竣工验收规定值的要求。

表 3–3–2　竣工验收规定值

指标	竣工验收值		
	横向力系数 SFC	摆值 FB（BPN）	构造深度 TD（mm）
规定值	≥ 54	≥ 45	≥ 0.55

二、任务描述

1. 任务资讯

重庆市江津区祥福路重建工程施工一标项目监理部需对路面工程进行抗滑性能的检

测与评估，现委托重庆交院和瑞工程检测技术有限公司提供相应的专业服务，重庆交院和瑞工程检测技术有限公司负责对委托方指定的路面工程进行抗滑性能检测，并提供准确的检测数据，对测试路面抗滑性能做出质量评定。本次路面试验段位于重庆市江津区祥福路，全长 2 km 左右，路面为沥青混凝土路面，平整干净、标线清晰。请模拟任务完成过程，并填写工程试验记录表。

任务名称：路面抗滑性能检测（手工铺砂法）。

任务描述：根据委托单位要求和相关规范，对指定路面进行抗滑性能检测，评定其质量。

任务周期：3 天

接受任务后，查询有关资料，完成以下任务：

（1）填写测定任务委托单（表 3-3-3），并进行试验分工，填写表 3-3-4；

（2）编制测定总体方案。

（3）熟悉物料清单和成本核算。

（4）按规范进行测定操作。

（5）填写相关检测报告。

表 3-3-3　路面抗滑性能检测委托书（手工铺砂法）

工程编号：　　　　　　　　　　　　　　　　　　　　　　委托单编号：

委托单位		建设单位	
施工单位		见证单位	
委托人及电话		见证人及电话	
工程名称	重庆市江津区祥福路重建工程施工一标段	见证号	20××××
工程地址	重庆市江津区双福新区祥福大道	监督员及电话	
委托日期	2024.×.×	监督单位	
检验检测类别	☐ 普通送检　☐ 常规见证送检　☑ 监督抽检　☐ 执法抽检　☐ 其他		
工程编码	01××××	监督编号	××××××
路段位置		路段长度	
路段描述			
以下内容由委托单位按要求填写清楚或根据需要选择以下项目（请√）			
报告领取	☑ 凭委托书前台领取　☐ 快递（到付）　报告份数默认为一式 3 份（需更改为一式　份）		
检测依据	☑《公路路基路面现场测试规程》（JTG 3450—2019） ☑《公路工程质量检验评定标准》（JTG F80/1—2017）		
检测参数	☑ 路面构造深度　☐ 摩阻摆值　☑ 沥青混凝土路面抗滑性能		
检测方法	☑ 手工铺砂法　☐ 电动铺砂法　☐ 摆式仪法		

（续表）

工程部位	路面
送检双方确认	☑ 委托方保证所提供的相关信息与资料的真实性，并承担相应责任，并同意支付检测费用和提供必要的检测协助 ☐ 样品符合标准或规范要求。检测完成后残余样品处理方式：☐ 不退样 ☐ 退样 样品接收员签名： 日期： 年 月 日 送样人员签名： 日期： 年 月 日
合同评审	本公司现有资源：☑ 满足客户要求 ☐ 不满足客户要求，不能接收委托
说明	1. 委托方对送检样品的真实性负责，检测结果只对来样负责；2. 凭委托单查取报告；3. 见证送样（监督送样）时必须提供相关的见证记录（监督抽检通知书），并由见证员（监督员）在委托书上签名；4. 委托时需提供质保书 / 出厂合格证等产品质量证明文件；5. 若对报告有异议，应于收到报告之日起 15 日内，以书面形式向检测单位提出，逾期视为对报告无异议；6. 需退回检测后的残余样品的请在委托时标识好；7. 检测报告用于验收时，委托时必须有监督登记号；8. 委托单填错时，请更改者用杠改法并签名确认
备注	

明确小组内部角色分工，如小组组长、技术员、资料员和检测员，并完成表 3-3-4。

表 3-3-4 角色分工

任务：				
序号	角色	职责	人员	备注
1	组长	协调内部分工和进度		
2	资料员	资料整理		
3	技术员	控制检测流程		
4	检测员	配合组长执行任务		

2. 测定仪器

1）手工铺砂仪：由量砂筒、摊平板组成。

（1）量砂筒：一端是封闭的，容积为（25 ± 0.15）mL，可通过称量砂筒中水的质量确定其容积，并调整其高度，使其容积符合规定要求。附带一专门的刮平尺用于将其筒口量砂刮平。

（2）摊平板：摊平板应为木制或铝制，直径为 50 mm，底面粘一层厚为 1.5 mm 的橡胶片，上面有一圆把手。

（3）刮平尺：可用 30 cm 钢板尺代替。

2）量砂：足够数量的干燥洁净的匀质砂，粒径为 0.15 ~ 0.30 mm。

3）量尺：钢板尺、钢卷尺，或采用已将直径换算成构造深度作为刻度单位的专用的构造深度尺。

4）其他：装砂容器、小铲、扫帚或毛刷、挡风板等。

三、任务实施

1. 制订计划

1）仪器设备

查找试验用仪器设备，完成表 3-3-5。

表 3-3-5　仪器设备

序号	主要仪器	备注	辅助仪器	备注
1				
2				
3				
4				
5				
6				

2）测点规划

将测点的横距及状态规划填入表 3-3-6。

表 3-3-6　测点规划

测点编号	横距	状态
1		
2		
3		
4		
5		

3）人员分工

完成人员任务分工，填写表 3-3-7。

表 3-3-7　人员分工

序号	计划内容	人员	备注
1	路段准备		
2	安全检查		
3	仪器设备准备		
4	环境记录		
5	检测人员		
6	记录人员		
7	复核人员		

2. 决策

1）查阅试验规程，简述手工铺砂法测路面抗滑性能测定的步骤。

2）查阅试验规程，说明如何计算评定路面抗滑性能。

3）小组讨论制定本组试验工作流程。

3. 测定

1）测定前的准备工作

在使用手工铺砂法测路面抗滑性能之前，需要进行如下准备工作。

（1）准备仪器：完成试验仪器设备准备，填写表 3–3–8，检查并清洗试验仪器，保证结果的准确性。

表 3–3–8　主要仪器及路况说明

主要仪器设备及编号	
路况说明	

（2）清洁路面，确定测点位置。在测试路段上，按随机取样选点的方法，决定测点所在横断面位置。测点应选在行车道的轮迹带上，距路面边缘不小于 1 m。

（3）量砂准备：取洁净的细砂晾干、过筛，取粒径为 0.15 ~ 0.3 mm 的砂置于适当的容器中备用。量砂只能在路面上使用一次，不宜重复使用。回收砂必须经干燥、过筛处理后才可使用。

2）测定步骤

（1）用扫帚或毛刷将测点附近的路面清扫干净，面积不小于 30 cm×30 cm。

（2）用小铲向量砂筒中缓缓注入准备好的量砂至高出量筒成尖顶状，手提量砂筒上部，用钢尺轻轻叩打圆筒中部 3 次，再一次性补足砂面，并用刮尺边沿筒口一次刮平。需要注意的是，不可直接用量砂筒装砂，以免影响量砂密度的均匀性。

（3）将砂倒在路面，用底面粘有橡胶片的推平板由里向外重复做摊铺运动。稍加用力将砂尽可能地向外摊开，使砂填入凹凸不平的路表面孔隙中。尽可能将砂摊成圆形，并不得在表面上留有浮动的余砂，如图 3-3-1 所示。需要注意的是，摊铺时不可用力过大或向外推挤。

（4）利用钢板尺测量所摊铺成圆的两个垂直方向的直径，取其平均值，结果精确至 1 mm。

（5）按上述步骤，同一处平行测定不少于 3 次，3 个测点均位于轮迹带上，测点间距为 3～5 m。该处的测点位置以中间测点的位置表示。

图 3-3-1　手工铺砂法

3）测定过程中的注意事项

进行测量前，必须先确认测试范围。测量范围应包括被测路段的整个宽度以及沿路两侧 10 m 范围内的路面。

测量之前，需要清洁道路，以确保测试结果的准确性。

手工铺砂法测量需要在道路上进行，操作时需要注意安全，避免发生交通事故。

4）测定后的处理步骤

（1）路表面构造深度测定结果按式（3-6）计算。

$$TD=1\,000V/(\pi D^2/4)=31\,831/D^2 \qquad (3-6)$$

其中，TD 为路面的构造深度，单位为 mm；V 为砂的体积，单位为 cm^3；D 为摊平砂的平均直径，单位为 mm。

（2）每一处测点均取 3 次路面构造深度的测定结果的平均值作为测定结果，并精确至 0.1 mm。

（3）计算每一个评定区间路面构造深度的平均值、标准差、变异系数。

（4）列表逐点报告路面构造深度的测定值及 3 次测定的平均值，当平均值小于 0.2 mm 时，试验结果以“< 0.2 mm”表示。

5）数据记录及小结

（1）记录路面构造深度测定检测过程，填写表 3-3-9。

表 3-3-9　路面构造深度试验检测记录表（手工铺砂法）

<table>
<tr><td>工程名称</td><td colspan="8"></td></tr>
<tr><td>工程部位 / 用途</td><td colspan="8"></td></tr>
<tr><td>样品信息</td><td colspan="8"></td></tr>
<tr><td>检测日期</td><td colspan="3"></td><td colspan="2">测定条件</td><td colspan="3"></td></tr>
<tr><td>检测依据</td><td colspan="3"></td><td colspan="2">判定依据</td><td colspan="3"></td></tr>
<tr><td>主要仪器设备
名称及编号</td><td colspan="8"></td></tr>
<tr><td>检测路段</td><td colspan="3"></td><td colspan="2">混合料类型</td><td colspan="3"></td></tr>
<tr><td rowspan="2">桩号</td><td rowspan="2">位置</td><td rowspan="2">砂体积
（cm^3）</td><td colspan="3">摊平砂直径（mm）</td><td rowspan="2">构造深度
（mm）</td><td rowspan="2">平均构造深度（mm）</td><td rowspan="2">备注</td></tr>
<tr><td>1</td><td>2</td><td>平均</td></tr>
<tr><td rowspan="3"></td><td rowspan="3"></td><td></td><td></td><td></td><td></td><td></td><td rowspan="3"></td><td rowspan="3"></td></tr>
<tr><td></td><td></td><td></td><td></td><td></td></tr>
<tr><td></td><td></td><td></td><td></td><td></td></tr>
<tr><td rowspan="3"></td><td rowspan="3"></td><td></td><td></td><td></td><td></td><td></td><td rowspan="3"></td><td rowspan="3"></td></tr>
<tr><td></td><td></td><td></td><td></td><td></td></tr>
<tr><td></td><td></td><td></td><td></td><td></td></tr>
<tr><td rowspan="3"></td><td rowspan="3"></td><td></td><td></td><td></td><td></td><td></td><td rowspan="3"></td><td rowspan="3"></td></tr>
<tr><td></td><td></td><td></td><td></td><td></td></tr>
<tr><td></td><td></td><td></td><td></td><td></td></tr>
<tr><td rowspan="3"></td><td rowspan="3"></td><td></td><td></td><td></td><td></td><td></td><td rowspan="3"></td><td rowspan="3"></td></tr>
<tr><td></td><td></td><td></td><td></td><td></td></tr>
<tr><td></td><td></td><td></td><td></td><td></td></tr>
<tr><td rowspan="3"></td><td rowspan="3"></td><td></td><td></td><td></td><td></td><td></td><td rowspan="3"></td><td rowspan="3"></td></tr>
<tr><td></td><td></td><td></td><td></td><td></td></tr>
<tr><td></td><td></td><td></td><td></td><td></td></tr>
<tr><td rowspan="3"></td><td rowspan="3"></td><td></td><td></td><td></td><td></td><td></td><td rowspan="3"></td><td rowspan="3"></td></tr>
<tr><td></td><td></td><td></td><td></td><td></td></tr>
<tr><td></td><td></td><td></td><td></td><td></td></tr>
<tr><td colspan="9">附加声明：</td></tr>
</table>

检测：　　　　记录：　　　　复核：　　　　日期：　　　年　　　月　　　日

（2）测定小结。

4. 控制

1）明确检测注意事项及责任分工，完成表 3-3-10。

表 3-3-10　检测注意事项及责任分工

序号	检测注意事项	检测人员	备注

2）小组讨论分析试验过程中出现的失误原因及相关预防措施，并填写表 3-3-11。

表 3-3-11　失误分析

序号	试验失误	产生原因	预防措施

四、任务评价

1. 小组复盘

各小组根据本组试验情况进行自评及复盘，并填写表 3-3-12。

表 3-3-12 小组复盘

班级		组别		日期		
序号	考评项目	考评要点	考评方法	应得分	实得分	问题说明
1	信息检索	（1）能有效利用网络资源、工作手册查找有效信息 （2）能将查找到的信息有效转换到工作中	能查找有效信息得 2 分，能将信息有效转换到工作中得 3 分	5		
2	职业素养	（1）团结协作 （2）自主试验，没有抄袭 （3）时间观念强，不迟到、早退、旷课	有效团队协作得 5 分，自主试验得 5 分，遵守纪律得 5 分，迟到早退一次 扣 5 分，旷课一次扣 10 分，扣完为止	15		
3	路面清洁	（1）待测路面清洁干净 （2）选点正确	路面未清洁扣 5 分，选点不正确扣 5 分	10		
4	装砂	步骤操作规范、正确	操作错误一处扣 2 分，扣完为止	10		
5	摊铺成圆	操作符合要求	操作错误一处扣 2 分，扣完为止	10		
6	直径测定	（1）操作符合规范 （2）读数准确	操作错误一处扣 2 分，读数错误一处扣 2 分，扣完为止	20		
7	数据处理	计算准确，填写满足要求	计算错误一处扣 5 分，扣完为止	20		
8	学习工作页	（1）工作页填写完整，无错别字 （2）按时完成，无错误	工作页填写不完整一处扣 2 分，错误一处扣 2 分，不按时完成扣 5 分，扣完为止	10		
自评分数						
有益的经验和做法						
改进措施						

2. 教师评价

教师按照评分标准对各小组进行任务工作过程总评，并填写表 3–3–13。

表 3–3–13　任务工作过程总评

班级		组名		成员姓名		
出勤情况						
评价指标			评价要素	分数	评分明细	评分
一	信息	口述任务内容并分组分工	1. 表述仪态自然、吐字清晰	5	表述仪态不自然或吐字模糊扣 1 分	
			2. 表述思路清晰、层次分明、准确，分组分工明确		表述思路模糊或层次不清扣 2 分，分工不明确扣 2 分	
二	计划	根据试验规范制订相关计划	1. 分析试验关键点准确	8	表述思路或层次不清一处扣 2 分	
			2. 制订计划及清单清晰合理		计划及清单不合理一处扣 2 分	
三	决策	选择试验实施方法、设计步骤	1. 试验实施方法	8	一处错误扣 1 分，扣完为 止	
			2. 试验实施步骤			
四	实施	试验准备	1. 试验环境（温度、湿度）	5	每漏一项扣 1 分	
			2. 安全检查（水、电）		没有检查扣 1 分	
			3. 试验主要仪器		实操期间缺失扣 2 分	
		操作	1. 正确选用仪器设备	5	选择错误一处扣 1 分，扣完为止	
			2. 查阅资料，正确选择试验参数	3	选择错误扣 1 分，扣完为止	
			3. 依据试验规范进行实训操作（得分依据试验检测评分表）	40	根据操作规范酌情扣分	
		现场	1. 在试验过程中保持干净整齐安全	5	每错一项扣 1 分，扣完此项配分为止	
			2. 试验仪器设备恢复整理，清洁卫生	5	每违反一项扣 1 分，扣完此项配分为止	
五	控制	质量控制	正确读取和计算试验参数并正确分析检测结果，进行质量评定	10	能正确读数并计算试验参数，能进行质量评定，错一项，扣 1 分，扣完为止	
六	评价	工作过程评价	1. 合理自评	3		
			2. 合理互评	3		
合计				100		
提出改进措施						

任务四 摆式仪测定路面抗滑性能

一、必备知识

摆式仪测定路面抗滑性能操作视频

摆式仪是一种动力摆冲击型仪器，它是根据“摆的位能等于安装于摆臂末端橡胶片滑过路面过程中克服路面摩擦所做的功”这一原理研制而成的，是一种用以测定沥青路面、标线或其他材料试件抗滑值的仪器。

抗滑值的温度修正：

当路面温度为 T（℃）时测得的摩阻摆值为 F_{BT}，必须按式（3-7）换算成标准温度（20 ℃）时的摩阻摆值 F_{B20}：

$$F_{B20}=F_{BT}+\Delta F \tag{3-7}$$

其中，F_{B20} 为换算成标准温度（20 ℃）下的摩阻摆值，单位为 BPN；F_{BT} 为路面温度 T 时测得的摆值，单位为 BPN；T 为测定的路表潮湿状态下的温度，单位为 ℃；F 为摩阻摆值的温度修正值，可按表 3-4-1 选用。

表 3-4-1　摩阻摆值的温度修正值

温度（℃）	0	5	10	15	20	25	30	35	50
摆值的温度修正值 ΔF（BPN）	−6	−4	−3	−1	0	+2	+3	+5	+7

二、任务描述

1. 任务资讯

重庆市江津区祥福路重建工程施工一标项目监理部需对路面工程进行抗滑性能的检测与评估，现委托重庆交院和瑞工程检测技术有限公司提供相应的专业服务，重庆交院和瑞工程检测技术有限公司负责对委托方指定的路面工程进行抗滑性能检测，并提供准确的检测数据，对测试路面抗滑性能做出质量评定。本次路面试验段位于重庆市江津区祥福路，全长 2 km 左右，路面为沥青混凝土路面，平整干净、标线清晰。请模拟任务完成过程，并填写工程试验记录表。

任务名称：路面抗滑性能检测（摆式仪法）。

任务描述：根据委托单位要求和相关规范，对指定路面进行抗滑性能检测，评定其质量。

任务周期：3 天。

接受任务后，查询有关资料，完成以下任务：

（1）填写测定任务委托单（表 3-4-2），并进行试验分工，完成表 3-4-3。

（2）编制测定总体方案。

（3）熟悉物料清单和成本核算。

（4）按规范进行测定操作。

（5）填写测定相关检测报告。

表 3-4-2　路面抗滑性能检测委托书单（摆式仪法）

工程编号：　　　　　　　　　　　　　　　　　　　　　　委托单编号：

委托单位		建设单位	
施工单位		见证单位	
委托人及电话		见证人及电话	
工程名称	重庆市江津区祥福路重建工程施工一标段	见证号	20××××
工程地址	重庆市江津区双福新区祥福大道	监督员及电话	
委托日期	2024.×.×	监督单位	
检验检测类别	☐ 普通送检　☐ 常规见证送检　☑ 监督抽检　☐ 执法抽检　☐ 其他		
工程编码	01××××	监督编号	××××××
路段位置		路段长度	
路段描述			
以下内容由委托单位按要求填写清楚或根据需要选择以下项目（请√）			
报告领取	☑ 凭委托书前台领取　☐ 快递（到付）　报告份数默认为一式3份（需更改为一式　份）		
检测依据	☑《公路路基路面现场测试规程》（JTG 3450—2019） ☑《公路工程质量检验评定标准》（JTG F80/1—2017）		
检测参数	☐ 路面构造深度　☑ 摩阻摆值　☑ 沥青混凝土路面抗滑性能		
检测方法	☐ 手工铺砂法　☐ 电动铺砂法　☑ 摆式仪法		
工程部位	路面		
送检双方确认	☑ 委托方保证所提供的相关信息与资料的真实性，并承担相应责任，并同意支付检测费用和提供必要的检测协助 ☐ 样品符合标准或规范要求。检测完成后残余样品处理方式：☐ 不退样　☐ 退样 样品接收员签名：　　　　日期：　　年　月　日 送样人员签名：　　　　日期：　　年　月　日		
合同评审	本公司现有资源：☑ 满足客户要求　　☐ 不满足客户要求，不能接收委托		
说明	1. 委托方对送检样品的真实性负责，检测结果只对来样负责；2. 凭委托单查取报告；3. 见证送样（监督送样）时必须提供相关的见证记录（监督抽检通知书），并由见证员（监督员）在委托书上签名；4. 委托时需提供质保书 / 出厂合格证等产品质量证明文件；5. 若对报告有异议，应于收到报告之日起 15 日内，以书面形式向检测单位提出，逾期视为对报告无异议；6. 需退回检测后的残余样品的请在委托时标识好；7. 检测报告用于验收时，委托时必须有监督登记号；8. 委托单填错时，请更改者用杠改法并签名确认		
备注			

明确小组内部角色分工，如小组组长、技术员、资料员和检测员，完成表 3–4–3。

表 3–4–3　角色分工单

任务：				
序号	角色	职责	人员	备注
1	组长	协调内部分工和进度		
2	资料员	资料整理		
3	技术员	控制检测流程		
4	检测员	配合组长执行任务		

2. 测定仪器

（1）摆式仪：手提式摆式仪（图 3–4–1）的摆及摆的连接部分总质量为 1 500 g ± 30 g，摆动中心与摆的重心的距离为 410 mm ± 5 mm，测定时摆在路面上的滑动长度为 126 mm ± 1 mm，摆上橡胶片端部与摆动中心的距离为 508 mm，橡胶片对路面的正向静压力为 22.2 N ± 0.5 N。

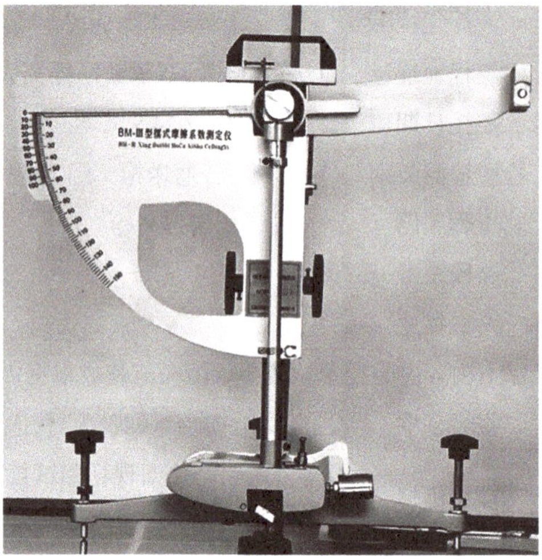

图 3–4–1　手提式摆式仪

（2）橡胶片：当用于测定路面抗滑值时，其尺寸为 6.35 mm×25.4 mm×76.2 mm。橡胶质量应符合表 3–4–4 的要求。当橡胶片使用后，端部在长度方向上磨耗超过 1.6 mm 或边缘在宽度方向上磨耗超过 3.2 mm 或有油类污染时，即应更换新橡胶片，新橡胶片应先在干燥路面上测试 10 次后再用于测试。橡胶片的有效使用期为从出厂日期起 12 个月。

表 3–4–4　橡胶物理性质技术要求

性质指标	温度（℃）				
	0	10	20	30	40
弹性	43% ~ 49%	58% ~ 65%	66% ~ 73%	71% ~ 77%	74% ~ 79%
硬度（IR）	55 ± 5				

（3）滑动长度量尺：长 126 mm。

（4）路面温度计：分度不大于 1 ℃。

（5）其他：扫帚、喷水壶、硬毛刷等。

三、任务实施

1. 制订计划

1）仪器设备

查找试验用仪器设备，完成表 3–4–5。

表 3–4–5　仪器设备

序号	主要仪器	备注	辅助仪器	备注
1				
2				
3				
4				
5				
6				

2）测点规划

测点横距及状态规划填入表 3–4–6。

表 3–4–6　测点规划

测点编号	横距	状态
1		
2		
3		
4		
5		

3）人员分工

完成人员任务分工并填表 3–4–7。

表 3–4–7　人员分工

序号	计划内容	人员	备注
1	路段准备		
2	安全检查		
3	仪器设备准备		
4	测试		
5	检测人员		
6	记录人员		
7	复核人员		

2. 决策

1）查阅试验规程，简述摆式仪测定路面抗滑性能试验的步骤。

2）查阅试验规程，简述摩阻摆阻的温度修正方法。

3）小组讨论确定本组试验工作流程。

3. 测定

1）测定前的准备工作

（1）完成测定前仪器设备准备，检查摆式仪的调零灵敏情况，清洗测定仪器，并完成表 3-4-8。

表 3-4-8　主要仪器及路况说明

主要仪器设备及编号	
路况说明	

（2）选择测点。清洁路面，对测试路段按随机取样选点的方法，决定测点所在横断面的位置。测点应选在行车道的轮迹带上，距路面边缘不应小于 1 m，并用粉笔做出标记。测点位置宜紧靠铺砂法测定构造深度的测点位置，一一对应。

2）测定步骤

（1）摆式仪调平：将摆式仪置于测点路面上，并使摆的摆动方向与行车方向一致。转动摆式仪底座上的调平螺栓，使水准泡居中。

（2）摆式仪调零：旋松摆式仪上、下两个紧固把手，转动升降把手，使摆升高并能自由摆动，然后，旋紧紧固把手。将摆向右运动，按下安装于悬臂上的释放开关，使摆上的卡环进入开关槽，放开释放开关，摆即处于水平释放位置，并把指针抬至与摆杆平行处。按下释放开关，摆向左运动并带动指针摆动，当摆达到最高位置后下落时，用左手将摆杆接住，此时，指针应指零。若此时不指零，可稍旋紧或放松摆的调节螺母，重复这一操作，直至指针指零。调零允许误差为 ±1 BPN。

（3）校核滑动长度：用扫帚扫净路面表面，并用橡胶刮板清除摆动范围内路面上的松散粒料。让摆自由悬挂，提起摆头上的举升柄，将底座上垫块置于定位螺丝下面，使摆头上的滑溜块升高。放松紧固把手，转动立柱上的升降把手，使摆缓缓下降。当滑溜块上的橡胶片刚刚接触路面时，将紧固把手旋紧，使摆头固定。提起举升柄，取下垫块，使摆向右运动。接着，手提举升柄使摆慢慢向左运动，直至橡胶片的边缘刚刚接触路面。在橡胶片的外边摆动方向设置标准量尺，尺的一端正对该点。再用手提起举升柄，使滑溜块向上抬起，并使摆继续运动至左边，使橡胶片返回落下再一次接触路面，橡胶片两次同路面接触点的距离（即滑动长度）应在 126 mm 左右。若滑动长度不符合标准，则通过升高或降低仪器底座上的调平螺丝来校正，但需调平水准泡，重复此项校核，直至滑动长度符合要求。而后，将摆和指针置于水平释放位置。

需要注意的是，校核滑动长度时，应以橡胶片长边刚接触路面为准。不可借摆的力量向前滑动，以免标定的滑动长度过长。

（4）用喷壶的水浇洒试测路面，并用橡胶刮板刮除表面泥浆。

（5）再次洒水，并按下释放开关，使摆在路面滑过，指针即可指示出路面的摆值。第一次测定，不做记录。当摆杆回落时，用左手接住摆，右手提起举升柄使滑溜块升高，将摆向右运动，并使摆杆和指针重新置于水平释放位置。

（6）重复步骤（5）的操作测定 5 次，并读记每次测定的摆值，5 次数值中最大值与最小值的差值不得大于 3 BPN。若差值大于 3 BPN，应检查产生的原因，并再次重复上述各项操作，至符合规定为止。取 5 次测定的平均值作为每个测点路面的抗滑值，取整数。

（7）在测点位置上用路表温度计测记潮湿路面的温度，准确至 1 ℃。

（8）按步骤（1）~ 步骤（7）的方法，同一测点处平行测定不少于 3 次，分别测“前”“中”“后”3 个测点，且这 3 个测点均位于轮迹带上，测点间距为 3 ~ 5 m。该处的测点位置以中间（中）测点的位置表示。每一测点处均取这 3 次测定结果的平均值作为试验结果，精确至 1 BPN。

3）测定过程中的注意事项

（1）检查摆式仪的调零灵敏情况，并定期进行仪器的标定。当用于路面工程检查验收时，仪器必须重新标定。

（2）对测试路段按随机取样选点的方法，决定测点所在横断面的位置。测点应选在行车道的轮迹带上，距路面边缘不应小于 1 m，并用粉笔做出标记。

4）测定后的处理步骤

（1）将路面温度为 T（℃）时测得的摆值按式（3-7）换算成标准温度（20 ℃）时的摆值。

（2）计算同一个横断面 5 次测定的平均值。

（3）计算路段路面抗滑值的平均值、标准值、变异系数。

5）数据记录及小结

（1）填写表 3-4-9 摆式仪测定路面摩阻摆值检测记录。

表 3-4-9 摆式仪测定路面摩阻摆值检测记录

<table>
<tr><td colspan="3">工程名称</td><td colspan="10"></td></tr>
<tr><td colspan="3">工程部位 / 用途</td><td colspan="10"></td></tr>
<tr><td colspan="3">样品信息</td><td colspan="10"></td></tr>
<tr><td colspan="3">检测日期</td><td colspan="4"></td><td colspan="2">试验条件</td><td colspan="4"></td></tr>
<tr><td colspan="3">检测依据</td><td colspan="4"></td><td colspan="2">判定依据</td><td colspan="4"></td></tr>
<tr><td colspan="3">主要仪器设备名称及编号</td><td colspan="10"></td></tr>
<tr><td colspan="3">检测路段</td><td colspan="4"></td><td colspan="2">结构层次</td><td colspan="4"></td></tr>
<tr><td colspan="3">标定滑动长度（cm）</td><td colspan="4"></td><td colspan="2">混合料类型</td><td colspan="4"></td></tr>
<tr><td rowspan="2">桩号</td><td rowspan="2">车道位置</td><td rowspan="2">测点位置</td><td colspan="5">每次摩阻摆值测值</td><td rowspan="2">单点摩阻摆值（BPN）</td><td rowspan="2">路面温度（℃）</td><td rowspan="2">ΔF（BPN）</td><td rowspan="2">$F_{\beta 20}$（BPN）</td><td rowspan="2">$F_{\beta 20}$ 平均值（BPN）</td></tr>
<tr><td>1</td><td>2</td><td>3</td><td>4</td><td>5</td></tr>
<tr><td rowspan="3"></td><td rowspan="3"></td><td>前</td><td></td><td></td><td></td><td></td><td></td><td></td><td rowspan="3"></td><td rowspan="3"></td><td></td><td rowspan="3"></td></tr>
<tr><td>中</td><td></td><td></td><td></td><td></td><td></td><td></td><td></td></tr>
<tr><td>后</td><td></td><td></td><td></td><td></td><td></td><td></td><td></td></tr>
<tr><td rowspan="3"></td><td rowspan="3"></td><td>前</td><td></td><td></td><td></td><td></td><td></td><td></td><td rowspan="3"></td><td rowspan="3"></td><td></td><td rowspan="3"></td></tr>
<tr><td>中</td><td></td><td></td><td></td><td></td><td></td><td></td><td></td></tr>
<tr><td>后</td><td></td><td></td><td></td><td></td><td></td><td></td><td></td></tr>
<tr><td rowspan="3"></td><td rowspan="3"></td><td>前</td><td></td><td></td><td></td><td></td><td></td><td></td><td rowspan="3"></td><td rowspan="3"></td><td></td><td rowspan="3"></td></tr>
<tr><td>中</td><td></td><td></td><td></td><td></td><td></td><td></td><td></td></tr>
<tr><td>后</td><td></td><td></td><td></td><td></td><td></td><td></td><td></td></tr>
<tr><td rowspan="3"></td><td rowspan="3"></td><td>前</td><td></td><td></td><td></td><td></td><td></td><td></td><td rowspan="3"></td><td rowspan="3"></td><td></td><td rowspan="3"></td></tr>
<tr><td>中</td><td></td><td></td><td></td><td></td><td></td><td></td><td></td></tr>
<tr><td>后</td><td></td><td></td><td></td><td></td><td></td><td></td><td></td></tr>
</table>

（续表）

桩号	车道位置	测点位置	每次摩阻摆值测值					单点摩阻摆值（BPN）	路面温度（℃）	ΔF（BPN）	F_{B20}（BPN）	F_{B20} 平均值（BPN）
			1	2	3	4	5					
		前										
		中										
		后										
		中										
		后										
结果评定：			平均值（BPN）=				标准差 =			变异系数 =		

（2）测定小结。

4. 控制

1）明确检测注意事项及责任分工，填写表 3-4-10。

表 3-4-10　检测注意事项分工

序号	检测注意事项	检测人员	备注

2）小组讨论分析测定过程中出现失误的原因及相应预防措施，填写表 3-4-11。

表 3-4-11　失误分析

序号	试验失误	产生原因	预防措施

四、任务评价

1. 小组复盘

各小组根据本组试验情况进行自评及复盘，并填写表 3-4-12。

表 3-4-12　小组复盘

班级		组别		日期		
序号	考评项目	考评要点	考评方法	应得分	实得分	问题说明
1	信息检索	（1）能有效利用网络资源、工作手册查找有效信息 （2）能将查找到的信息有效转换到工作中	能查找有效信息得 2 分，能将信息有效转换到工作中得 3 分	5		
2	职业素养	（1）团结协作 （2）自主试验，没有抄袭 （3）时间观念强，不迟到、早退、旷课	有效团队协作得 5 分，自主试验得 5 分，遵守纪律得 5 分，迟到早退一次扣 5 分，旷课一次扣 10 分，扣完为止	15		
3	路面清洁	（1）待测路面清洁干净 （2）选点正确	路面未清洁扣 5 分，选点不正确扣 5 分	10		
4	仪器调平、仪器调零	操作步骤正确规范	操作错误一处扣 2 分，扣完为止	10		
5	校核滑动长度	操作符合要求	操作错误一处扣 2 分，扣完为止	10		
6	摩阻摆值测定	（1）操作符合规范 （2）读数准确	操作错误一处扣 5 分，读数错误一处扣 5 分，扣完为止	20		
7	数据处理	计算准确，填写满足要求	计算错误一处扣 5 分，扣完为止	20		

（续表）

序号	考评项目	考评要点	考评方法	应得分	实得分	问题说明
8	学习工作页	（1）工作页填写完整，无错别字 （2）按时完成，无错误	工作页填写不完整一处扣2分，错误一处扣2分，不按时完成扣5分，扣完为止	10		
自评分数						
有益的经验和做法						
改进措施						

2. 教师评价

教师按照表3-4-13评分标准对各小组任务工作过程进行总评。

表3-4-13 任务工作过程总评

班级			组名		成员姓名		
出勤情况							
评价指标		评价要素		分数	评分明细		评分
一	信息	口述任务内容并分组分工	1. 表述仪态自然、吐字清晰	5	表述仪态不自然或吐字模糊扣1分		
			2. 表述思路清晰、层次分明、准确，分组分工明确		表述思路模糊或层次不清扣2分，分工不明确扣2分		
二	计划	根据试验规范制订相关计划	1. 分析试验关键点准确	8	表述思路或层次不清一处扣2分		
			2. 制订计划及清单清晰合理		计划及清单不合理一处扣2分		
三	决策	选择试验实施方法、设计步骤	1. 试验实施方法	8	一处错误扣1分，扣完为止		
			2. 试验实施步骤				
四	实施	试验准备	1. 试验环境（度、湿度）	5	每漏一项扣1分		
			2. 安全检查（水、电）		没有检查扣1分		
			3. 试验主要仪器		实操期间缺失扣2分		
		操作	1. 正确选用仪器设备	5	选择错误一处扣1分，扣完为止		
			2. 查阅资料，正确选择试验参数	3	选择错误扣1分，扣完为止		

（续表）

评价指标		评价要素		分数	评分明细	评分
四	实施	操作	3. 依据试验规范进行实训操作（得分依据试验检测评分表）	40	根据操作规范酌情扣分	
		现场	1. 在试验过程中保持干净整齐安全	5	每错一项扣1分，扣完此项配分为止	
			2. 试验仪器设备恢复整理，清洁卫生	5	每违反一项扣1分，扣完此项配分为止	
五	控制	质量控制	正确读取和计算试验参数并正确分析检测结果，进行质量评定	10	能正确读数并计算试验参数，能进行质量评定，错一项，扣1分，扣完为止	
六	评价	工作过程评价	1. 合理自评	3		
			2. 合理互评	3		
合计				100		
提出改进措施						

任务五 灌砂法测定路基压实度

一、必备知识

灌砂法测定路基压实度操作视频

压实是把一定体积的路基土、基层材料或者路面沥青混凝土压缩到更小的体积的过程。压实的作用包括减少空隙，提高材料密度，增加强度，减少变形，增强抗透水性和强度稳定性。压实不足可引起车辙、裂缝、沉陷及剪切破坏等危害。

土基和路面基层的压实度是指压实层材料压实后的干密度 ρ_d 与该材料的标准最大干密度 ρ_{dmax} 之比，用百分率表示，即

$$K=\frac{\rho_d}{\rho_{dmax}}\times100\% \qquad (3\text{-}8)$$

沥青混凝土面层的压实度 K_1 是指按规定方法得到的混合料试件毛体积密度 $\rho_{毛}$与标准密度 ρ_0 之比，用百分率表示，即

$$K_1=\frac{\rho_{毛}}{\rho_0}\times100\% \qquad (3\text{-}9)$$

对于路基和路面基层，检测压实度要注意以下问题：

（1）准确检测现场湿密度。

（2）准确检测含水率。取样测定含水率时，应防止水分散失，取出的土样应混合均匀再从中取试样测定含水率。

（3）密切注意土质性状，当土质发生变化时，应及时取样测定最大干密度，确保计算采用的最大干密度的准确性。

常见的压实度测定方法及适用范围见表 3–5–1。

表 3–5–1　常见的压实度测定方法及适用范围

测定方法	适用范围
灌砂法	适用于在现场测定基层或底基层、砂石路面及路基土的各种材料压实层的密度和压实度，不适用于测定填石路堤等有大孔洞或大孔隙材料的压实度
环刀法	适用于细粒土及无机结合料稳定细粒土的密度测定和施工过程中的压实度检测，但无机结合料稳定细粒土的龄期不宜超过 2 d
核子仪测定法	适用于施工质量的现场快速评定，结果不宜用作仲裁试验及验收依据
钻芯法	适用于检验从压实的沥青路面上钻取的芯样试件的压实度，同时适用于龄期较长的无机结合料稳定类基层和底基层的密度检测

二、任务描述

1. 任务资讯

重庆市江津区祥福路重建工程施工一标项目监理部要对路基 K0+050 ~ K0+100 段路基回填黏土工程进行压实度的检测与评估，现委托重庆交院和瑞工程检测技术有限公司提供相应的专业服务，重庆交院和瑞工程检测技术有限公司负责对委托方指定的路基段落进行压实度检测，并提供准确的检测数据，评定其强度性能。本次路基试验段位于重庆市江津区祥福路，路基表面平整，土层最大干密度为 2.12 g/cm^3。请模拟任务完成过程，并填写工程试验记录表。

任务名称：路基压实度检测。

任务描述：根据委托单位要求和相关规范，对指定路基进行压实度检测，评定其质量。

任务周期：5 天。

接受任务后，查询有关资料，完成以下任务：

（1）填写测定任务委托单（表 3–5–2），并进行测定分工（表 3–5–3）。

（2）编制测定总体方案。

（3）熟悉物料清单和成本核算。

（4）按规范进行测定操作。

（5）填写测定相关检测报告。

表 3-5-2　压实度试验任务委托单

<table>
<tr><td>委托单位</td><td></td><td>建设单位</td><td></td></tr>
<tr><td>施工单位</td><td></td><td>见证单位</td><td></td></tr>
<tr><td>委托人及电话</td><td></td><td>见证人及电话</td><td></td></tr>
<tr><td>工程名称</td><td>重庆市江津区祥福路重建工程施工一标段</td><td>见证号</td><td>20××××</td></tr>
<tr><td>工程地址</td><td>重庆市江津区双福新区祥福大道</td><td>监督员及电话</td><td></td></tr>
<tr><td>委托日期</td><td>2024.×.×</td><td>监督单位</td><td></td></tr>
<tr><td>检验检测类别</td><td colspan="3">□ 普通送检　□ 常规见证送检　☑ 监督抽检　□ 执法抽检　□ 其他</td></tr>
<tr><td>工程编码</td><td>01××××</td><td>监督编号</td><td>××××××</td></tr>
<tr><td>材料种类</td><td></td><td>路段长度</td><td></td></tr>
<tr><td>最大干密度</td><td colspan="3"></td></tr>
<tr><td colspan="4">以下内容由委托单位按要求填写清楚或根据需要选择以下项目（请打√）</td></tr>
<tr><td>报告领取</td><td colspan="3">☑ 凭委托书前台领取　□ 快递（到付）　报告份数默认为一式 3 份（需更改为一式　份）</td></tr>
<tr><td>检测依据</td><td colspan="3">☑《公路路基路面现场测试规程》(JTG 3450—2019)
☑《公路工程质量检验评定标准》(JTG F80/1—2017)</td></tr>
<tr><td>检测参数</td><td colspan="3">☑ 压实度</td></tr>
<tr><td>检测方法</td><td colspan="3">□ 环刀法　☑ 灌砂法　□ 钻芯法</td></tr>
<tr><td>工程部位</td><td colspan="3">路基第一层</td></tr>
<tr><td>送检双方确认</td><td colspan="3">☑ 委托方保证所提供的相关信息与资料的真实性，并承担相应责任，并同意支付检测费用和提供必要的检测协助
□ 样品符合标准或规范要求。检测完成后残余样品处理方式：□ 不退样　□ 退样
样品接收员签名：　　　　日期：　　年　月　日
送样人员签名：　　　　日期：　　年　月　日</td></tr>
<tr><td>合同评审</td><td colspan="3">本公司现有资源：☑ 满足客户要求　　□ 不满足客户要求，不能接收委托</td></tr>
<tr><td>说明</td><td colspan="3">1. 委托方对送检样品的真实性负责，检测结果只对来样负责；2. 凭委托单查取报告；3. 见证送样（监督送样）时必须提供相关的见证记录（监督抽检通知书），并由见证员（监督员）在委托书上签名；4. 委托时需提供质保书 / 出厂合格证等产品质量证明文件；5. 若对报告有异议，应于收到报告之日起 15 日内，以书面形式向检测单位提出，逾期视为对报告无异议；6. 需退回检测后的残余样品的请在委托时标识好；7. 检测报告用于验收时，委托时必须有监督登记号；8. 委托单填错时，请更改者用杠改法并签名确认</td></tr>
<tr><td>备注</td><td colspan="3"></td></tr>
</table>

明确小组内部角色分工，如小组组长、技术员、资料员和检测员，完成表 3-5-3。

表 3-5-3　角色分工单

任务：				
序号	角色	职责	人员	备注
1	组长	协调内部分工和进度		
2	资料员	资料整理		
3	技术员	控制检测流程		
4	检测员	配合组长执行任务		

2. 测定仪器

（1）灌砂筒：为金属材质，型式和主要尺寸如图 3-5-1 所示。灌砂筒上部为储砂筒，下部为圆锥体漏斗，筒底与漏斗顶端铁板之间设有开关。将开关向左移动时，开关铁板上的圆孔恰好与筒底圆孔及漏斗上开口相对，即三个圆孔在平面上重叠在一起，砂就可通过圆孔自由落下。开关向右移动，开关将筒底圆孔堵塞，砂即停止下落。灌砂设备的主要尺寸要求见表 3-5-4。

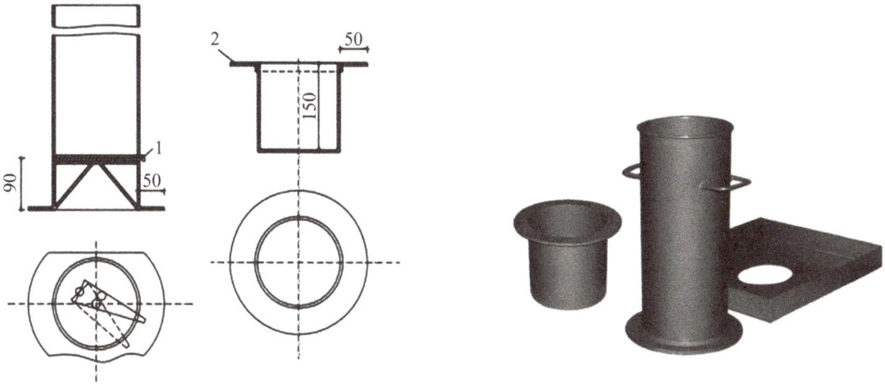

图 3-5-1　灌砂筒

表 3-5-4　灌砂设备的主要尺寸要求

灌砂设备类型			小型灌砂设备	中型灌砂设备	大型灌砂设备
灌砂筒	储砂筒	直径（mm）	100	150	200
		容积（cm^3）	2 121	4 771	8 482
	流砂孔	直径（mm）	10	15	20
标定罐	金属标定罐	内径（mm）	100	150	200
		外径（mm）	150	200	250
基板	金属方盘基板	边长（mm）	350	400	450
		深（mm）	40	50	60
	中孔	直径（mm）	100	150	200
	板厚	厚（mm）	≥ 1.0（铁）	≥ 1.0（铁）	≥ 1.0（铁）
			≥ 1.2（铝合金）	≥ 1.2（铝合金）	≥ 1.2（铝合金）

（2）基板：一个边长为 350 mm，深为 40 mm 的金属方盘，盘中心有一个与灌砂筒直径相同的圆孔。

（3）打洞及合适从洞中取料的工具，如凿子、铁锤、长把勺、长把小簸箕、毛刷等。

（4）玻璃板：边长约为 500 mm 的方形板。

（5）塑料袋（存放挖出的试样）若干。

（6）台秤：称量 10 ~ 15 kg，感量 5 g。

（7）量砂，粒径为 0.25 ~ 0.5 mm、清洁干燥的均匀砂，20 ~ 40 kg。应先烘干，并放置足够时间，使其与空气的湿度达到平衡。

（8）其他：铝盒、天平、烘箱等。

三、任务实施

1. 制订计划

1）仪器设备

查找试验用仪器设备，并完成表 3-5-5。

表 3-5-5　试验用仪器设备

序号	主要仪器	备注	辅助仪器	备注
1				
2				
3				
4				
5				
6				

2）测点规划

将测点横距及状态规划填入表 3-5-6。

表 3-5-6　测点规划

测点编号	横距	状态
1		
2		
3		
4		
5		

3）人员分工

完成人员分工并填写表 3-5-7。

表 3-5-7　人员分工

序号	计划内容	人员	备注
1	路段准备		
2	安全检查		
3	仪器设备准备		
4	环境记录		
5	检测人员		
6	记录人员		
7	复核人员		

2. 决策

1）查阅试验规程，简述灌砂法检测路基压实度的试验步骤。

2）查阅试验规程，说明如何计算评定路基压实度。

3）小组讨论确定本组试验工作流程。

3. 测定

1）测定前的准备工作

（1）准备仪器和试样：完成测定前仪器设备准备，检查并清洗测定仪器，填写表 3-5-8。

表 3-5-8　主要仪器及路况

主要仪器设备	
路况说明	

（2）准备标准砂，测定过程中使用的砂应符合要求，具有均匀性、粒度适中、质量稳定等特点。

2）仪器标定

确定灌砂筒下部圆锥体内砂的质量，步骤如下：

（1）在灌砂筒内装满砂。筒内砂的高度与筒顶的距离不超过 15 mm。称量筒加砂的质量 m_1，精确至 1 g，以后每次标定和测定都维持这个质量不变。

（2）打开开关，让灌砂筒内的砂流出，并使流出砂的体积大致等于一个标定罐的容积（与工地所挖试洞的体积相当）。然后，关闭开关，并称量筒内剩余的砂的质量 m_2，精确至 1 g。

（3）将灌砂筒放在玻璃板上，打开开关，让砂流出，过程中不能扰动灌砂筒，直到筒内砂不再下流时，关上开关，并细心地取走灌砂筒。

（4）称量剩余筒加砂的质量 m_3，精确至 1 g，m_2 与 m_3 的差即为填满灌砂筒下部圆锥体内砂的质量 $m_{锥}$。

（5）重复步骤（1）~（4），至少 3 次，最后取其平均值 $m_{锥}$，精确至 1 g。

3）确定量砂的密度 ρ

（1）灌砂筒内装入质量为 m_1 的砂，并将灌砂筒放在标定罐上，打开开关，让砂流出，直到灌砂筒内的砂不再流下时，关闭开关。取下灌砂筒，称筒内剩余的砂的质量 m_4，精确至 1 g。

（2）重复步骤（1），至少 3 次，最后取其平均值，精确至 1 g。

（3）按式（3-10）计算填满标定罐所需砂的质量 $m_{标}$。

$$m_{标}=m_1-m_4-m_{锥} \tag{3-10}$$

其中，m_1 为灌砂入标定罐前，筒内砂的质量，单位为 g；$m_{锥}$ 为灌砂筒下部圆锥体内砂的平均质量，单位为 g；m_4 为灌砂入标定罐后，筒内剩余的砂质量，单位为 g。

（4）用水确定标定罐的容积。将空标定罐放在台秤上，使其的上口处于水平位置，记录空标定罐的质量 m_5，精确至 1 g。向标定罐中灌水，注意不要将水弄到台秤上或罐的外壁上。将一把直尺放在罐顶，当罐中水面快要接近直尺时，改用滴管往罐中加水，直到水面与直尺相接触。移去直尺，读记罐和水的总质量 m_6。重复测量时，仅需用吸管从罐中取出少量水，并重新将水加满到接触直尺。标定罐的容积 V（单位为 cm^3）按式（3-11）

计算：

$$V=\frac{m_6-m_5}{\rho_{水}} \tag{3-11}$$

其中，$\rho_{水}$为水的密度。

（5）按式（3-12）计算量砂的密度 ρ。

$$\rho=\frac{m_{标}}{V} \tag{3-12}$$

其中，V 为标定罐的容积，单位为 cm^3。

4）测定步骤

（1）在测定地点，选一块约 40 cm × 40 cm 的平坦表面，并将其清扫干净。将基板放在此平坦表面上，做好标记。如果表面的粗糙度较大，则应重新标定锥体砂的质量。将盛有质量为 m_7 的砂的灌砂筒放在基板中间的圆孔上，打开灌砂筒开关，让砂流出，直到灌砂筒筒内的砂不再流下时关闭开关。取下灌砂筒，并称量此时筒内砂的质量 m_8，精确至 1 g。

（2）取走基板，将留在测定地点的砂收回，重新将表面清扫干净。将基板放在原标记处，沿基板中孔凿洞，洞的直径与灌砂筒直径相同。在凿洞过程中，应注意不使凿出的试样丢失，并及时将取出的材料放入已知质量的塑料袋内，密封。试洞的深度应等于碾压层厚度。凿洞毕，称量塑料袋中全部试样的质量，精确至 1 g。减去已知塑料袋质量后，即为试样的总质量 $m_{土}$。

（3）从挖出的全部试样中取出一定质量有代表性的样品。对于细粒土，试样不少于 100 g；对于粗粒土，不少于 500 g，放入铝盒中，测定其含水率 w_0。

（4）将基板安放在试洞上，对齐标记，将灌砂筒安放在基板中间，称量此时筒加砂的质量，使灌砂筒的下口对准基板的中孔及试洞。如测试面粗糙度不大，则不需放基板，将灌砂筒直接放在已挖好的试洞上。打开筒的开关，让砂流入试洞内，在此期间，应注意勿碰灌砂筒。直到灌砂筒内的砂不再流下时为止，关闭开关，仔细取走灌砂筒，称量此时筒内剩余的砂的质量，精确至 1 g。如试洞中有较大孔隙，量砂可能进入孔隙时，则应按试洞外形，松弛地放入一层柔软的纱布，然后再进行灌砂工作。

（5）将试洞内的砂回收，土回填。若量砂的湿度已发生变化或量砂中混有杂质，则应重新烘干、过筛，并放置一段时间，使其与空气的湿度达到平衡后再用。

5）测定过程中的注意事项

（1）现场测定时，灌砂筒中砂面高度和重量与室内标定时保持一致。

（2）测定时，地表面应处理平整，若凹凸不平应使用基板，以减少测定误差，尽量使检测表面光滑平整。

（3）量砂应符合要求。回收的量砂，下次使用前必须过筛洗净、烘干，并放置足够的时间，使其与标定时洁净、干潮状况一致，以保证量砂密度。换砂时应重新标定量砂密度，确保试验准确性。

6）测定后的处理步骤

（1）计算填满试洞所需的砂的质量 m_b，单位为 g。

①灌砂时试洞上放有基板的情况：

$$m_b=m_1-m_4-(m_5-m_6) \tag{3-13}$$

②灌砂时试洞上不放基板的情况：

$$m_b=m_1-m_4-m_{锥} \tag{3-14}$$

其中，m_1 为灌砂入试洞前灌砂筒内砂的质量，单位为 g；$m_{锥}$为灌砂筒下部圆锥体内砂的平均质量，单位为 g；m_4 为灌砂放入试洞后，筒内剩余砂的质量，单位为 g；(m_5-m_6) 为灌砂筒下部圆锥体内及基板和粗糙表面间砂的总质量，单位为 g。

（2）计算试验地点土的湿密度 ρ，单位为 g/cm³。

$$\rho=\frac{m_t}{m_b}\cdot\rho_s \tag{3-15}$$

其中，m_t 为试洞中取出的全部土样的质量，单位为 g；m_b 为填满试洞所需砂的质量，单位为 g；ρ_s 为量砂的密度，单位为 g/cm³。

（3）计算土的干密度 ρ_d（单位为 g/cm³）。

$$\rho_d=\frac{\rho}{1+w} \tag{3-16}$$

其中，ρ 为土的湿密度，单位为 g/cm³；w 为土的含水率。

（4）用式（3-8）计算压实度。

7）数据记录及小结

（1）记录测定数据，完成表 3-5-9。

表 3-5-9　灌砂法测定路基压实度试验记录

工程名称					
工程部位 / 用途					
样品信息					
测定日期			测定条件		
检测依据			判定依据		
主要仪器设备名称及编号					
施工路段		检测路段		碾压面积（m²）	
填筑层次		填料类型		碾压机具	
标准试验编号		压实度标准值		碾压参数	

（续表）

编号										
取样桩号										
取样位置										
试坑深度（cm）										
试前筒砂质量（g）										
试后筒加剩余砂质量（g）										
圆锥体内砂质量（g）										
基板圆孔砂质量（g）										
试坑内砂质量（g）										
量砂密度（g/cm^3）										
试坑体积（cm^3）										
坑内湿土样质量（g）										
湿密度（g/cm^3）										
盒号										
盒加湿土质量（g）										
盒加干土质量（g）										
盒质量（g）										
含水率										
平均含水率										
干密度（g/cm^3）										
最大干密度（g/cm^3）										
最佳含水率										
压实度										
坑内石质量（g）										
含石率										
附加声明：										

（2）测定小结。

4. 控制

1）明确检测注意事项及责任分工，完成表 3-5-10。

表 3-5-10　检测注意事项及责任分工

序号	检测注意事项	检测人员	备注

2）小组讨论分析试验中失误的产生原因及相应预防措施，填入表 3-5-11。

表 3-5-11　失误分析

序号	试验失误	产生原因	预防措施

四、任务评价

1. 小组复盘

各小组根据本组试验情况进行自评及复盘，并填写表 3-5-12。

表 3-5-12　小组复盘表

班级		组别		日期		
序号	考评项目	考评要点	考评方法	应得分	实得分	问题说明
1	信息检索	（1）能有效利用网络资源、工作手册查找有效信息 （2）能将查找到的信息有效转换到工作中	能查找有效信息得 2 分，能将信息有效转换到工作中得 3 分	5		
2	职业素养	（1）团结协作 （2）自主试验，没有抄袭 （3）时间观念强，不迟到、早退、旷课	有效团队协作得 5 分，自主试验得 5 分，遵守纪律得 5 分，迟到早退一次扣 5 分，旷课一次扣 10 分，扣完为止	15		

序号	考评项目	考评要点	考评方法	应得分	实得分	问题说明
3	锥体砂质量确定	（1）标准砂选择正确 （2）试验步骤正确	标准砂选择错误扣5分，步骤操作错误一处扣2分，扣完为止	10		
4	挖坑	（1）挖坑步骤操作规范、正确 （2）试坑深度满足要求	挖坑步骤操作错误一处扣3分，试坑深度不达标扣5分，扣完为止	15		
5	灌砂	操作规范正确	步骤错误一处扣5分，扣完为止	15		
6	砂回收土回填	（1）操作符合规范 （2）场地清洁	砂回收步骤错误一处扣2分，场地未清洁扣5分，扣完为止	10		
7	数据处理	计算准确，填写满足要求	计算错误一处扣5分，扣完为止	20		
8	学习工作页	（1）工作页填写完整，无错别字 （2）按时完成，无错误	工作页填写不完整一处扣2分，错误一处扣2分，不按时完成扣5分，扣完为止	10		
自评分数						
有益的经验和做法						
改进措施						

2. 教师评价

教师按照评分标准对各小组进行任务工作过程总评，并填写表3-5-13。

表3-5-13　任务工作过程总评

<table>
<tr><td colspan="2">班级</td><td colspan="2"></td><td>组名</td><td colspan="2"></td><td>成员姓名</td><td></td></tr>
<tr><td colspan="2">出勤情况</td><td colspan="7"></td></tr>
<tr><td colspan="2">评价指标</td><td colspan="2">评价要素</td><td>分数</td><td colspan="3">评分明细</td><td>评分</td></tr>
<tr><td rowspan="2">一</td><td rowspan="2">信息</td><td rowspan="2">口述任务内容并分组分工</td><td>1. 表述仪态自然、吐字清晰</td><td rowspan="2">5</td><td colspan="3">表述仪态不自然或吐字模糊扣1分</td><td rowspan="2"></td></tr>
<tr><td>2. 表述思路清晰、层次分明、准确，分组分工明确</td><td colspan="3">表述思路模糊或层次不清扣2分，分工不明确扣2分</td></tr>
</table>

<table>
<tr><th colspan="2">评价指标</th><th colspan="2">评价要素</th><th>分数</th><th>评分明细</th><th>评分</th></tr>
<tr><td rowspan="2">二</td><td rowspan="2">计划</td><td rowspan="2">根据试验规范制订相关计划</td><td>1. 分析试验关键点准确</td><td rowspan="2">8</td><td>表述思路或层次不清一处扣2分</td><td rowspan="2"></td></tr>
<tr><td>2. 制订计划及清单清晰合理</td><td>计划及清单不合理一处扣2分</td></tr>
<tr><td rowspan="2">三</td><td rowspan="2">决策</td><td rowspan="2">选择试验实施方法、设计步骤</td><td>1. 试验实施方法</td><td rowspan="2">8</td><td rowspan="2">一处错误扣1分，扣完为止</td><td rowspan="2"></td></tr>
<tr><td>2. 试验实施步骤</td></tr>
<tr><td rowspan="8">四</td><td rowspan="8">实施</td><td rowspan="3">试验准备</td><td>1. 试验环境（温度、湿度）</td><td rowspan="3">5</td><td>每漏一项扣1分</td><td rowspan="3"></td></tr>
<tr><td>2. 安全检查（水、电）</td><td>没有检查扣1分</td></tr>
<tr><td>3. 试验主要仪器</td><td>实操期间缺失扣2分</td></tr>
<tr><td rowspan="3">操作</td><td>1. 正确选用仪器设备</td><td>5</td><td>选择错误一处扣1分，扣完为止</td><td rowspan="3"></td></tr>
<tr><td>2. 查阅资料，正确选择试验参数</td><td>3</td><td>选择错误扣1分，扣完为止</td></tr>
<tr><td>3. 依据试验规范进行实训操作（得分依据试验检测评分表）</td><td>40</td><td>根据操作规范酌情扣分</td></tr>
<tr><td rowspan="2">现场</td><td>1. 在试验过程中保持干净整齐安全</td><td>5</td><td>每错一项扣1分，扣完此项配分为止</td><td rowspan="2"></td></tr>
<tr><td>2. 试验仪器设备恢复整理，清洁卫生</td><td>5</td><td>每违反一项扣1分，扣完此项配分为止</td></tr>
<tr><td>五</td><td>控制</td><td>质量控制</td><td>正确读取和计算试验参数并正确分析检测结果，进行质量评定</td><td>10</td><td>能正确读数并计算试验参数，能进行质量评定，错一项，扣1分，扣完为止</td><td></td></tr>
<tr><td rowspan="2">六</td><td rowspan="2">评价</td><td rowspan="2">工作过程评价</td><td>1. 合理自评</td><td>3</td><td></td><td></td></tr>
<tr><td>2. 合理互评</td><td>3</td><td></td><td></td></tr>
<tr><td colspan="3">合计</td><td></td><td>100</td><td></td><td></td></tr>
<tr><td colspan="3">提出改进措施</td><td colspan="4"></td></tr>
</table>

项目四
地基与基础检测

知识目标

1. 掌握桥梁地基承载能力检测的内容、方法和注意事项，以及桥梁地基承载能力容许值的基本概念和确定原则。

2. 掌握超声波测桩的工作原理、仪器设备要求、方法和数据处理方法。

3. 掌握钢筋混凝土灌注桩缺陷产生的原因、钻孔桩成孔质量检测的内容和方法，以及钻孔桩成桩质量的控制因素。

能力目标

1. 能够根据任务要求完成相关检测。
2. 能够分小组试验，通过情境化的任务学习解决工程实际问题。
3. 能够正确记录试验数据，并按规定对试验数据进行分析和质量评定。

素质目标

1. 具备解决试验中出现的问题的能力，能够持续学习新的试验技术和仪器。
2. 分工有序，能够与其他成员进行合作和沟通。
3. 关注试验操作的规范性，并具备自我评估和优化的能力。
4. 具备良好的职业操守。

任务一　地基承载能力检测

一、必备知识

载荷试验是确定地基承载能力的主要方法，按试验深度分为浅层载荷试验和深层载荷试验；按承压板形状分为平板载荷试验和螺旋板载荷试验；按载荷性质分为静力载荷试验和动力载荷试验。浅层平板载荷试验适用于地表浅层地基土（包括各种填土和碎石土）；深层平板载荷试验适用于埋深等于或大于 3 m 和地下水位以上的地基土；螺旋板载荷试验适用于深层地基土或地下水位以下的地基土。载荷试验可适用于各种地基土，特别适用于各种填土及含碎石的土。螺旋板载荷试验还可以估算地基土的固结系数。本任务主要利用浅层平板静力载荷试验，该试验目的是确定地基的承载能力和变形特性。

载荷试验是在地基土处于天然状态下时，在一定面积的刚性承压板上向地基土逐级施加荷载，并观测承压板每级荷载下地基土的变形，它是测定地基土的压力与变形特性的一种原位测试方法。结果反映的是承载板下 1.5 ~ 2.0 倍承载板直径或宽度范围内，地基土强度、变形的综合性状。

平板静力载荷测试（Plate Load Test，PLT），简称载荷测试，是模拟建筑物基础工作条件的一种测试方法，起源于 20 世纪 30 年代。其方法是保持地基土在天然状态下，在一定规格的方形或圆形承压板上向地基土逐级施加荷载，每级荷载增量持续时间相同或接近，测记每级荷载作用下荷载板沉降量的稳定值，加载至总沉降量为 25 mm，或达到加载设备的最大容量为止，然后卸载，并记录土的回弹值，持续时间应不小于一级荷载增量的持续时间。根据试验记录绘制荷载 P 和沉降量 S 的关系曲线，如图 4–1–1 所示。分析研究地基土的强度与变形特性，求得地基土容许承载能力与变形模量等力学数据。

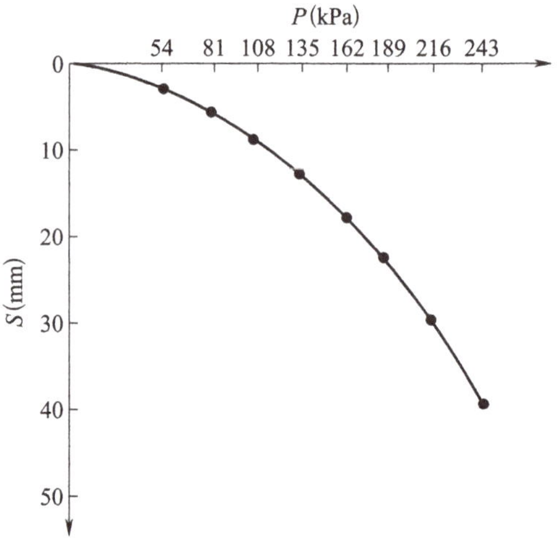

图 4–1–1　荷载 P 和沉降量 S 的关系曲线

二、任务描述

1. 任务资讯

受中铁十一局重庆城际铁路工程指挥部第三项目部委托，重庆交院和瑞工程检测技术有限公司（孙 ××，133717×××××）对重庆城际铁路工程工区轨道车棚、机具库试验点的持力层（卵石层）进行浅层平板载荷试验，试验点分布为：K72+144.7 右 13.5 米（标高 47.828 m）、K72+142.5 右 9.5 米（标高 47.849 m）、K72+136.1 左 3.1 米（标高 47.849 m），由检测人员会同建设单位和监理单位共同现场确定。该工程地基持力层为卵石层，独立基础。建筑面积 20 588 m^2，结构形式为框剪结构。设计地基承载力特征值为 563 KPa，承压板尺寸 0.25 m^2。

任务名称：地基承载力检测。

任务描述：根据委托单位要求和相关规范，对试验点进行地基承载力检测，确定地基土层承载力特征值。

任务周期：10 天。

接受任务后，查询有关资料，完成以下任务：

（1）填写承载能力试验任务委托单（表 4-1-1）。

（2）试验仪器准备。

（3）设备安装。

（4）加载试验。

（5）数据处理。

（6）填写试验相关表格及报告。

表 4-1-1　承载能力试验任务委托单

<table>
<tr><td>委托单位</td><td colspan="2"></td><td>建设单位</td><td colspan="2"></td></tr>
<tr><td>施工单位</td><td colspan="2"></td><td>见证单位</td><td colspan="2"></td></tr>
<tr><td>委托人及电话</td><td colspan="2"></td><td>见证人及电话</td><td colspan="2"></td></tr>
<tr><td>工程名称</td><td colspan="2">重庆城际铁路工程第三项目</td><td>见证号</td><td colspan="2">20××××</td></tr>
<tr><td>工程地址</td><td colspan="2">重庆市江津区双福新区滨江大道</td><td>监督员及电话</td><td colspan="2"></td></tr>
<tr><td>委托日期</td><td colspan="2">2024. × . ×</td><td>监督单位</td><td colspan="2"></td></tr>
<tr><td>检验检测类别</td><td colspan="5">☐ 普通送检　☐ 常规见证送检　☑ 监督抽检　☐ 执法抽检　☐ 其他</td></tr>
<tr><td>工程编码</td><td colspan="2">01××××</td><td>监督编号</td><td colspan="2">××××××</td></tr>
<tr><td>结构形式</td><td></td><td>建筑面积</td><td>m^2</td><td>持力层</td><td></td></tr>
<tr><td>基础形式</td><td colspan="2"></td><td>设计地基
承载力</td><td colspan="2"></td></tr>
<tr><td colspan="6">以下内容由委托单位按要求填写清楚或根据需要选择以下项目（请√）</td></tr>
<tr><td>报告领取</td><td colspan="5">☑ 凭委托书前台领取　☐ 快递（到付）　报告份数默认为一式 3 份（需更改为一式　份）</td></tr>
<tr><td>检测依据</td><td colspan="5">☑《建筑地基基础设计规范》（GB50007—2011）
☑《建筑地基基础工程施工质量验收规范》（GB50202—2002）</td></tr>
<tr><td>检测参数</td><td colspan="5">☑ 地基承载力</td></tr>
</table>

（续表）

检测方法	□ 单桩竖向抗压静载试验　□ 复合地基静载荷试验 ☑ 浅层平板载荷试验　□ 单桩竖向抗拔静载试验 □ 岩基载荷试验　□ 深层平板载荷试验　□ 高应变法
工程部位	路基第一层
送检双方确认	☑ 委托方保证所提供的相关信息与资料的真实性，并承担相应责任，并同意支付检测费用和提供必要的检测协助 □ 样品符合标准或规范要求。检测完成后残余样品处理方式：□ 不退样　□ 退样 样品接收员签名：　日期：　年　月　日 送样人员签名：　日期：　年　月　日
合同评审	本公司现有资源：☑ 满足客户要求　□ 不满足客户要求，不能接收委托
说明	1. 委托方对送检样品的真实性负责，检测结果只对来样负责；2. 凭委托单查取报告；3. 见证送样（监督送样）时必须提供相关的见证记录（监督抽检通知书），并由见证员（监督员）在委托书上签名；4. 委托时需提供质保书 / 出厂合格证等产品质量证明文件；5. 若对报告有异议，应于收到报告之日起 15 日内，以书面形式向检测单位提出，逾期视为对报告无异议；6. 需退回检测后的残余样品的请在委托时标识好；7. 检测报告用于验收时，委托时必须有监督登记号；8. 委托单填错时，请更改者用杠改法并签名确认
备注	

2. 试验仪器

1）刚性承载板

承载板的作用是将所加荷载均匀传递到地基土。承载板多采用钢板制成，也有采用钢筋混凝土或铸铁板制成的。承载板的大小应根据土层的软硬条件或岩体的裂隙发育程度来选用。

承载板的大小对评定地基承载力有一定的影响，为了使试验结果具有可比性，应遵循《岩土工程勘察规范》（GB50021—2001）的规定。对于浅层平板荷载试验，承载板的面积不应小于 0.25 m^2；对于软土和粒径较大的填土，不应小于 0.50 m^2；对于岩石荷载试验，不应小于 0.07 m^2。刚性承载板下应设置中砂或粗砂找平层，其厚度不超过 20 mm，铺设找平层和安装刚性承载板时，试坑内不得积水。

2）加荷装置

加荷装置的功能是借助反力系统向承载板施加所需的荷载。最常见的加荷装置由油压千斤顶构成，施加的荷载通过与油压千斤顶相连的油泵上的油压表来测读和控制。

3）反力系统

反力系统的功能是提供加载所需的反力。最常见的反力系统有两种：一是由地锚反力梁构成，加荷系统的千斤顶顶升反力梁，地锚产生抗拔反力，以达到对承载板加载的目的；二是由堆载平台构成，由平台上重物的重力提供加载所需反力。

4）量测系统

量测系统一般分为两类：一是压力观测系统，由于千斤顶的油泵所配压力表可以指示所加的压力，因此，一般不需要再专门设立压力观测系统，而仅需利用油泵压力表的读数进行换算即可得到所加的荷载大小；二是沉降观测系统，一般用脚手钢管构成观测支架，再在支架上安装观测仪器即可构成沉降观测系统。观测仪器有百分表和位移传感器两种，其精度不应低于 0.1 mm。载荷试验装置如图 4-1-2 所示。

图 4-1-2　载荷试验装置

三、任务实施

1. 制订计划

1）仪器设备

查找检测用仪器设备，完成表 4-1-2。

表 4-1-2　仪器设备

序号	主要仪器	备注	辅助仪器	备注
1				
2				
3				
4				
5				
6				

2）测点规划

将测点横距及状态规划填入表 4-1-3。

表 4-1-3　测点规划

测点编号	横距	状态
1		
2		
3		
4		
5		

3）人员分工

完成任务人员分工并填写表 4-1-4。

表 4-1-4　人员分工

序号	计划内容	人员	时间（min）	备注
1	测点准备			
2	水电安全检查			
3	仪器设备准备			
4	仪器设备状态检查			
5	检测人员			
6	记录人员			
7	复核人员			

2. 决策

1）查阅试验规程，说明如何选择承载板的大小和测点。

2）查阅试验规程，说明平板荷载试验所用的仪器。

3）小组讨论确定本组试验工作流程。

3. 试验

1）试验前的准备工作

（1）完成试验前仪器设备准备，填写表 4–1–5。

表 4–1–5　主要仪器及场地

主要仪器设备及编号	
场地说明	

（2）测点确定。载荷试验应选择有代表性的测点，每个场地不宜少于 3 个。正式加荷前，应将试验面打扫干净以观测地面变形，将百分表的指针调至接近最大读数位置；当场地内岩体不均时，应适当增加测点。浅层平板载荷试验应布置在基础底面高程处。

（3）承载板直径确定。浅层平板载荷试验的试坑宽度或直径不应小于承载板宽度或直径的 3 倍，以消除土自重引起的超载影响；深层平板载荷试验的试坑直径应等于承载板直径；当试坑直径大于承载板直径时，紧靠承载板周围土的高度不应小于承载板直径。载荷试验宜采用圆形刚性承载板，根据土的软硬或岩体裂隙密度选用合适的尺寸；土的浅层平板载荷试验承载板面积不应小于 0.25 m^2，对软土和粒径较大的填土不应小于 0.5 m^2；土的深层平板载荷试验承载板面积宜选用直径为 0.8 m 的刚性承载板，紧靠承载板周围外侧的土层高度不应小于 0.8 m。

（4）加载方式确定。载荷试验加荷方式应采用分级维持荷载沉降相对稳定法（慢速法）；有地区经验时，可采用分级加荷沉降非稳定法（快速法）或等沉降速率法；加荷等级宜取 10 ~ 12 级，并不应少于 8 级，荷载量测精度不应低于最大荷载的 ±1%。试验的加荷标准如下：试验的第一级荷载（包括设备重量）应接近卸去土的自重。每级荷载增量（即加荷等级）一般取被试地基土层预估极限承载力的 1/15 ~ 1/10；施加的总荷载应尽量接近试验土层的极限荷载。沉降值的量测精度应达到 0.01 mm。

2）试验步骤

（1）加载

① 采用慢速法时，加载步骤为：对于土体，每级荷载施加后，间隔 10 min、10 min、

10 min、15 min、15 min 分别测读一次沉降，然后再间隔 30 min 测读一次沉降，当连续 2 h 每小时沉降量不大于 0.1 mm 时，可认为沉降已达相对稳定标准，再施加下一级荷载；当试验对象是岩体时，间隔 1 min、2 min、2 min、5 min 分别测读一次沉降，然后每隔 10 min 测读一次沉降，当连续三次读数差小于等于 0.01 m 时，可认为沉降已达相对稳定标准，再施加下一级荷载。

② 采用快速法时，加载步骤为：每加一级荷载按间隔 15 min 观测一次沉降。每级荷载维持 2 h，即可施加下级荷载。最后一级荷载可观测至沉降达到上述沉降相对稳定标准或仍维持 2 h。

③ 采用等沉降速率法时，加载步骤为：控制承压板以一定的沉降速率沉降，测读与沉降相应的所施加的荷载，直至试验达到破坏阶段。

（2）读数

按规定逐级加荷和记录百分表读数，达到沉降稳定标准后再施加下一级荷载。承载板的沉降可采用百分表、沉降传感器或电测位移计量，其误差不应超过 ±0.01 mm。

（3）试验终止

当出现下列情况之一时，可终止试验：

① 承载板周边的土体出现明显侧向挤出，周边岩土出现明显隆起或径向裂缝持续发展；

② 本级荷载的沉降量急剧增大（大于前级荷载沉降量的 5 倍），荷载与沉降量的关系曲线（P–S 曲线）上出现明显陡降；

③ 在某级荷载下 24 h 沉降速率不能达到相对稳定标准；

④ 总沉降量与承载板直径（或宽度）之比超过 0.06。

当需要卸载以观测回弹时，每级卸荷量可为加载量的 2 倍，历时 1 h，每隔 15 min 观测一次。荷载完全卸除后，继续观测 3 h。

3）试验过程中的注意事项

（1）一般在加荷五级或已能定出比例界限点后，注意观测地基土产生塑性变形使承载板周围地面出现裂纹和土体侧向挤出的情况，记录并描绘地面裂纹形状（放射状或环状、长短粗细）及出现时间。

（2）试验过程的各级荷载要始终确保稳压，百分表行程接近零值时应在加下一级荷载前调整，并随时注意平台上翘、锚桩拔起、撑板上爬、撑杆倾斜、坑壁变形等不安全因素，及时采取处置措施，必要时可终止试验。

（3）试验点附近应有取土孔提供土工试验指标，或其他原位测试资料。试验后，应在承载板中心向下开挖取土试验，并描述 2 倍承载板直径（或宽度）范围内土层的结构变化。

4）试验后的处理步骤

经对工程现场各测点载荷试验数据进行记录整理，并绘制 P–S 曲线。

5）数据记录及小结

（1）完成载荷试验记录，填写表 4–1–6。

表 4-1-6　载荷试验记录

工程名称							日期			桩号	
加载级	油压（Mpa）	荷载（kN）	观测时间（min）	间隔时间（min）	位移计（百分表）读数			平均沉降（mm）			
					表 1	表 2	平均	△s	本级	累计	
1	3.0	140		10							
				10							
				10							
				15							
				15							
				30							
				30							
				30							
2	6.0	280		10							
				10							
				10							
				15							
				15							
				30							
				30							
				30							
3	9.0	420		10							
				10							
				10							
				15							
				15							
				30							
				30							
				30							

（续表）

加载级	油压（Mpa）	荷载（kN）	观测时间（min）	间隔时间（min）	位移计（百分表）读数			平均沉降（mm）		
					表 1	表 2	平均	Δs	本级	累计
4	12.0	560		10						
				10						
				10						
				15						
				15						
				30						
				30						
				30						
5	15.0	700		10						
				10						
				10						
				15						
				15						
				30						
				30						
				30						

（2）试验小结。

4. 控制

1）明确检测注意事项及责任分工，完成表 4–1–7。

表 4–1–7　检测注意事项及责任分工

序号	检测注意事项	检测人员	备注

2）小组讨论分析试验过程中失误的产生原因及预防措施，填写表 4–1–8。

表 4–1–8　失误分析

序号	试验失误	产生原因	预防措施

四、任务评价

1. 小组复盘

各小组根据本组试验情况进行自评及复盘，并填写表 4–1–9。

表 4–1–9　小组复盘

班级		组别		日期		
序号	考评项目	考评要点	考评方法	应得分	实得分	问题说明
1	信息检索	（1）能有效利用网络资源、工作手册查找有效信息 （2）能将查找到的信息有效转换到工作中	能查找有效信息得 2 分，能将信息有效转换到工作中得 3 分	5		

（续表）

序号	考评项目	考评要点	考评方法	应得分	实得分	问题说明
2	职业素养	（1）团结协作 （2）自主试验，没有抄袭 （3）时间观念强，不迟到、早退、旷课	有效团队协作得5分，自主试验得5分，遵守纪律得5分，迟到早退一次扣5分，旷课一次扣10分，扣完为止	15		
3	试验准备	（1）试验环境符合要求 （2）设备安装正确	环境不满足要求扣5分，设备安装错误一处扣5分，扣完为止	15		
4	测点布置	测点布置合理	测点布置不合理一处扣5分，扣完为止	15		
5	加载和荷载等级	（1）操作符合要求 （2）荷载分级合理	操作步骤错误一处扣3分，荷载分级不合理扣5分，扣完为止	15		
6	数据采集结果	（1）读数正确 （2）判别准确	读数错误一处扣3分，判断错误一处扣5分，扣完为止	15		
7	报告规范	（1）书写工整，无错别字 （2）按时完成，无错误	书写不规范一处扣2分，错误一处扣2分，不按时完成扣5分，扣完为止	20		
自评分数						
有益的经验和做法						
改进措施						

2. 教师评价

教师按照评分标准对各小组进行任务工作过程总评。

表 4-1-10　任务工作过程总评

班级			组名		成员姓名	
出勤情况						
评价指标		评价要素		分数	评分明细	评分
一	信息	口述任务内容并分组分工	1. 表述仪态自然、吐字清晰	5	表述仪态不自然或吐字模糊扣 1 分	
			2. 表述思路清晰、层次分明、准确，分组分工明确		表述思路模糊或层次不清扣 2 分，分工不明确扣 2 分	
二	计划	根据试验规范制订相关计划	1. 分析试验关键点准确	8	表述思路或层次不清一处扣 2 分	
			2. 制订计划及清单清晰合理		计划及清单不合理一处扣 2 分	
三	决策	选择试验实施方法、设计步骤	1. 试验实施方法	8	一处错误扣 1 分，扣完为止	
			2. 试验实施步骤			
四	实施	试验准备	1. 试验环境（温度、湿度）	5	每漏一项扣 1 分	
			2. 安全检查（水、电）		没有检查扣 1 分	
			3. 试验主要仪器		实操期间缺失扣 2 分	
		操作	1. 正确选用仪器设备	5	选择错误一处扣 1 分，扣完为止	
			2. 查阅资料，正确选择试验参数	3	选择错误扣 1 分，扣完为止	
			3. 依据试验规范进行实训操作（得分依据试验检测评分表）	40	根据操作规范酌情扣分	
		现场	1. 在试验过程中保持干净整齐安全	5	每错一项扣 1 分，扣完此项配分为止	
			2. 试验仪器设备恢复整理，清洁卫生	5	每违反一项扣 1 分，扣完此项配分为止	
五	控制	质量控制	正确读取和计算试验参数并正确分析检测结果，进行质量评定	10	能正确读数并计算试验参数，能进行质量评定，错一项，扣 1 分，扣完为止	

（续表）

评价指标		评价要素		分数	评分明细	评分
六	评价	工作过程评价	1. 合理自评	3		
			2. 合理互评	3		
合计				100		
提出改进措施						

任务二 桩基完整性检测

一、必备知识

检测桩基完整性的方法很多，可归纳为两类：一类是有损检测方法，主要是钻取桩身混凝土芯样，在桩身中钻一或两个孔，然后进行单孔或跨孔的声波测量。这类方法成本高，且试验周期长；另一类是无损检测方法，例如声脉冲反射波法，稳态和瞬态机械阻抗法，高应变应力波法等。一般来说，凡是在桩基中引起小的变形的动力检测方法统称为低应变法；而在桩基中引起大应变的方法称为高应变法。

声波透射法是在桩身中预埋声测管，并在两声测管之间发射和接收超声波，通过实测声波在混凝土介质中传播的声时、频率和波幅衰减等声学参数的变化，来对桩基完整性进行检测的方法。超声波法适用于直径不小于 800 mm 的混凝土灌注桩的完整性检测，它包括跨孔透射法和单孔折射法。

二、任务描述

1. 任务资讯

受重庆宇翔置业有限公司委托，重庆交院和瑞工程检测技术有限公司对江津区幸福苑福城住宅小区 3 号楼工程的桩基进行超声波投射法检测，目的是检测桩身结构完整性，评定其质量。根据国家有关规范、规程和规定，并考虑本工程的具体情况，确定本次试验共检测 3 根工程桩，设计桩径 1 200 mm，桩长 11 m，混凝土等级为 C35 混凝土。

任务名称：桩基完整性检测。

任务描述：根据工程设计和施工要求，用超声波投射法对桩基础进行桩基完整性检测，评定其质量。

任务周期：10 天。

接受任务后，借阅或上网查询有关资料，完成以下任务：

（1）填写试验任务委托单（表 4-2-1）。

（2）试验仪器准备。

（3）加载试验、数据采集。

（4）填写相关试验报告及表格。

表 4-2-1　桩基完整性检测试验任务委托单

<table>
<tr><td>委托单位</td><td colspan="2"></td><td>建设单位</td><td colspan="2"></td></tr>
<tr><td>施工单位</td><td colspan="2"></td><td>见证单位</td><td colspan="2"></td></tr>
<tr><td>委托人及电话</td><td colspan="2"></td><td>见证人及电话</td><td colspan="2"></td></tr>
<tr><td>工程名称</td><td colspan="2">江津区幸福苑福城住宅小区 3# 楼</td><td>见证号</td><td colspan="2">20××××</td></tr>
<tr><td>工程地址</td><td colspan="2">重庆市江津区双福新区祥福大道</td><td>监督员及电话</td><td colspan="2"></td></tr>
<tr><td>委托日期</td><td colspan="2">2024.×.×</td><td>监督单位</td><td colspan="2"></td></tr>
<tr><td>检验检测类别</td><td colspan="5">☐ 普通送检　☐ 常规见证送检　☑ 监督抽检　☐ 执法抽检　☐ 其他</td></tr>
<tr><td>工程编码</td><td colspan="2">01××××</td><td>监督编号</td><td colspan="2">××××××</td></tr>
<tr><td>工程总桩数</td><td></td><td>设计桩长</td><td></td><td>桩径</td><td></td></tr>
<tr><td colspan="6">以下内容由委托单位按要求填写清楚或根据需要选择以下项目（请√）</td></tr>
<tr><td>报告领取</td><td colspan="5">☑ 凭委托书前台领取　☐ 快递（到付）　报告份数默认为一式 3 份（需更改为一式　份）</td></tr>
<tr><td>检测依据</td><td colspan="5">☑《建筑基桩检测技术规范》（JGJ94—2018）
☐《基桩检测技术规范》（JGJ106—2014）</td></tr>
<tr><td>检测参数</td><td colspan="5">☑ 桩身完整性检测　☐ 竖向抗压承载力检测
☐ 竖向抗拔承载力检测　☐ 水平承载力检测</td></tr>
<tr><td>检测方法</td><td colspan="5">☑ 超声波透射法</td></tr>
<tr><td>工程部位</td><td colspan="5"></td></tr>
<tr><td>送检双方确认</td><td colspan="5">☑ 委托方保证所提供的相关信息与资料的真实性，并承担相应责任，并同意支付检测费用和提供必要的检测协助
☐ 样品符合标准或规范要求。检测完成后残余样品处理方式：☐ 不退样　☐ 退样
样品接收员签名：　　　　日期：　　年　月　日
送样人员签名：　　　　日期：　　年　月　日</td></tr>
</table>

（续表）

合同评审	本公司现有资源：☑满足客户要求　　□不满足客户要求，不能接收委托
说明	1. 委托方对送检样品的真实性负责，检测结果只对来样负责；2. 凭委托单查取报告；3. 见证送样（监督送样）时必须提供相关的见证记录（监督抽检通知书），并由见证员（监督员）在委托书上签名；4. 委托时需提供质保书 / 出厂合格证等产品质量证明文件；5. 若对报告有异议，应于收到报告之日起 15 日内，以书面形式向检测单位提出，逾期视为对报告无异议；6. 需退回检测后的残余样品的请在委托时标识好；7. 检测报告用于验收时，委托时必须有监督登记号；8. 委托单填错时，请更改者用杠改法并签名确认
备注	

明确小组内部角色分工，如小组组长、技术员、资料员和检测员，并完成表 4–2–2。

表 4–2–2　角色分工

任务：				
序号	角色	职责	人员	备注
1	组长	协调内部分工和进度		
2	资料员	资料整理		
3	技术员	控制检测流程		
4	检测员	配合组长执行任务		

2. 试验仪器

本试验采用声波透射法检测桩基完整性，试验装置主要包括超声检测仪、超声波发射及接收换能器（亦称探头）、声测管等，也可加上换能器标高控制绞车和数据处理计算机。

超声检测仪的技术性能应符合下列规定：

① 接收放大系统的频带宽度宜为 5 ~ 50 kHz，增益应大于 100 dB，并带有 0 ~ 60（或 80）dB 的衰减器，其分辨率应为 1 dB，衰减器的误差应小于 1 dB，其挡间误差应小于 1%。发射系统应输出 250 ~ 1 000 V 的脉冲电压，其波形可为阶跃脉冲和矩形脉冲。

② 显示系统应同时显示接收波形和声波传播时间，其显示时间范围宜大于 300 μs，计时精度应大于 1 μs，仪器必须稳定可行，2 h 中声时漂移不得大于 ±0.2 μs。

超声波发射及接收换能器应采用柱状径向振动的换能器，将超声检测仪发出的电脉冲信号转换成机械振动信号，其共振频率宜为 25 ~ 50 kHz，外形为圆柱形，外径 Φ30 mm，长度 200 mm。换能器宜装有前置放大器，前置放大器的频带宽度宜为 5 ~ 50 kHz。绝缘电阻应达 5 MΩ，其水密性应满足在 1 MPa 水压下不漏水。桩径较大时，宜采用增压式柱状探头。

声测管是声波透射法检测装置的重要组成部分，宜采用钢管或钢质波纹管，其内径宜为 50 ~ 60 mm。

三、任务实施

1. 制订计划

1）仪器设备

查找试验用仪器设备，完成表 4-2-3。

表 4-2-3　试验用仪器设备

序号	主要仪器	备注	辅助仪器	备注
1				
2				
3				
4				
5				
6				

2）测点规划

将测点横距及状态规划填入表 4-2-4。

表 4-2-4　测点规划

测点编号	横距	状态
1		
2		
3		
4		
5		

3）人员分工

完成任务人员分工，填写表 4-2-5。

表 4-2-5　人员分工

序号	计划内容	人员	备注
1	测试桩准备		
2	水电安全检查		
3	仪器设备准备		
4	仪器设备状态检查		
5	检测人员		
6	记录人员		
7	复核人员		

2. 决策

1）查阅试验规程，说明选择声波透射法（超声波法）检测桩基完整性的原因。

2）查阅试验规程，说明声波透射法检测桩基完整性试验所用仪器。

3）小组讨论确定本组试验工作流程。

3. 试验

1）试验前的准备工作

（1）收集工程地质勘察资料、桩基设计和施工资料。主要了解桩的编号、设计强度、桩长、灌注日期、桩成孔类型、地层情况等。现场实测时，往往存在堵管或管深不一致的问题，了解桩长是很有必要的，而了解其设计强度及灌注日期，才会对波速的情况有一个大概的了解。了解桩成孔类型和地层，即可知道可能存在的缺陷。

（2）将各声测管内注满清水，检查声测管畅通情况；换能器应能在全程范围内正常升降。

（3）现场采集系统架设。

（4）桩信息、参数设置。输入桩号、桩径、桩长、管数、通道系统校零时间等基本信息。

（5）计算声测管及耦合水层声时修正值。声波从探头里发射直到另一个管里的探头接收，实际上不仅仅是在桩中间传播，还有一段时间是在管内的水里和管里传播，为了准确地获得桩的波速，应该扣除这部分时间。

（6）在桩顶测量相应声测管外壁间净距离，将该数据输入相应剖面的跨距中。

（7）设置延迟、增益等参数。

2）试验步骤

（1）确定管的编号并正确地与仪器相应通道接口连接。注意，管的编号十分重要，如随意编号而不遵循一定的规则，可能会造成复检与初检的结论不一致。

（2）确定了管的编号后，将探头放入相应的管中，再按管的编号将探头接在仪器对应的通道上，并一一对应，如将管 1 或管 A 的探头接到仪器一通道上，以此类推。

（3）当传感器已到达管口或选择采集完成后，应继续将探头接在仪器上，直到点击“保存”，数据保存完毕后再将探头放入桩底或收起，以防深度计数器由于探头的重力回转而造成部分数据丢失。现场保存完数据后，可点击“打开”查看一下刚刚测试的数据。如发现该数据中存在信号大面积异常，可将探头重新放回管底，注意各探头管口深度一致，再重新提升测试一次。

（4）在桩身质量可疑的测点周围，可采用加密测点，或采用斜测、扇形扫测进行复测，进一步确定桩身缺陷的位置和范围。

3）检测数据分析

在检测过程中，难免会碰到声测剖面，但通过观察功率谱密度（power spectral density，PSD）的变化及声速声幅曲线的变化，可以发现，PSD 并无强烈变化，且声速声幅呈趋势性渐变，应为声测管偏斜，需进行管斜修正。在管斜起始位置按住鼠标右键，沿管斜趋势方向拖动，到结束处松开鼠标，在声速曲线附近会标示出一条黑线。此时观察右边的深度声速曲线，可以发现已根据刚才的操作进行了管斜修正处理，该剖面 42 m 以下并未存在缺陷。

4）现场检测故障排查

检测过程若出现异常，应立即停止检测，对检测仪器、设备及被测桩进行详细检查，发现问题并及时解决。若点击“采样”后发现未能接收到信号，可按以下顺序依次排查：

（1）检查声测管中是否有水，如果没水或者缺水，加水后再采样，然后看能否接收到正常波形。

（2）如果仍未接收到有效波形，检查换能器与超声检测仪连接是否松动。由于有些时候桩底存在残渣，应向上提升一定深度，再看能否接收到有效波形。

5）资料分析及桩基质量评判

（1）桩基缺陷：以声速临界值、波幅临界值以及 PSD 判据进行综合判定。

（2）桩基均匀性按声速离散系数 C_v 分为 A、B、C、D 四级，具体见表 4-2-6。

表 4-2-6　桩基均匀性等级

桩基均匀性等级	A	B	C	D
Cv	<5%	5% ~ 10%	10% ~ 15%	≥ 15%

（3）根据桩基混凝土的均匀性，即是否存在缺陷及缺陷的严重程度，将桩基按四类完整性划分，具体如下：

① Ⅰ类桩：各检测剖面的声学参数均无异常，无声速低于低限值异常。

② Ⅱ类桩：某一检测剖面个别测点的声学参数出现异常，但无声速低于低限值异常。

③ Ⅲ类桩：某一检测剖面连续多个测点的声学参数出现异常，两个或两个以上检测剖面在同一深度测点的声学参数出现异常，局部混凝土声速出现低于低限值异常。

④ Ⅳ类桩：某一检测剖面连续多个测点的声学参数出现明显异常，两个或两个以上检测剖面在同一深度测点的声学参数出现明显异常，桩身混凝土声速出现普遍低于低限值异常或无法检测首波或声波接收信号严重畸变。

6）检测结果

将各桩检测结果填入表 4-2-7。

表 4-2-7　桩基完整性检测结果

桩号	桩径（mm）	测试深度（m）	剖面	平均声速（km/s）	声速标准差（km/s）	声速异常判定值（km/s）	离散系数	桩身主要缺陷描述	均匀性等级	类别	综合评判类别

注：1. 声测管编号以正北方向顺时针开始第一根管为 A；

2. 测试深度及缺陷描述位置以桩顶设计标高为原点，向下为正方向。

7）检测结论

本次共检测____根桩。其中：Ⅰ类桩共____根，占所测桩数的____%；Ⅱ类桩共____根，占所测桩数的____%；Ⅲ类桩共____根，占所测桩数的____%；Ⅳ类桩共____根，占所测桩数的____%。

4. 控制

1）明确检测注意事项及责任分工，填入表 4-2-8。

表 4-2-8　检测注意事项及责任分工

序号	检测注意事项	检测人员	备注

2）小组讨论分析试验过程中出现的失误的原因及相应预防措施，填写表 4-2-9。

表 4-2-9　失误分析

序号	试验失误	产生原因	预防措施

四、任务评价

1. 小组复盘

各小组根据本组试验情况进行自评及复盘，并填写表 4-2-10。

表 4-2-10　小组复盘

班级		组别		日期		
序号	考评项目	考评要点	考评方法	应得分	实得分	问题说明
1	信息检索	（1）能有效利用网络资源、工作手册查找有效信息 （2）能将查找到的信息有效转换到工作中	能查找有效信息得 2 分，能将信息有效转换到工作中得 3 分	5		
2	职业素养	（1）团结协作 （2）自主试验，没有抄袭 （3）时间观念强，不迟到、早退、旷课	有效团队协作得 5 分，自主试验得 5 分，遵守纪律得 5 分，迟到早退一次扣 5 分，旷课一次扣 10 分，扣完为止	15		
3	试验准备	（1）试验环境符合要求 （2）设备安装正确	环境不满足要求扣 5 分，设备安装错误一处扣 5 分，扣完为止	15		
4	测点布置	测点布置合理	测点布置不合理一处扣 5 分，扣完为止	15		
5	测试	试验步骤符合要求	步骤错误一处扣 5 分，扣完为止	15		
6	数据采集结果	（1）读数正确 （2）判别准确	读数错误一处扣 3 分，判断错误一处扣 5 分，扣完为止	15		

（续表）

序号	考评项目	考评要点	考评方法	应得分	实得分	问题说明
7	报告规范	（1）书写工整，无错别字 （2）按时完成，无错误	书写不规范一处扣2分，错误一处扣2分，不按时完成扣5分，扣完为止	20		
自评分数						
有益的经验和做法						
改进措施						

2. 教师评价

教师按照评分标准对各小组进行任务工作过程总评，并填写表4-2-11。

表4-2-11 任务工作过程总评

班级			组名		成员姓名		
出勤情况							
评价指标		评价要素		分数	评分明细		评分
一	信息	口述任务内容并分组分工	1. 表述仪态自然、吐字清晰	5	表述仪态不自然或吐字模糊扣1分		
			2. 表述思路清晰、层次分明、准确，分组分工明确		表述思路模糊或层次不清扣2分，分工不明确扣2分		
二	计划	根据试验规范制订相关计划	1. 分析试验关键点准确	8	表述思路或层次不清一处扣2分		
			2. 制订计划及清单清晰合理		计划及清单不合理一处扣2分		
三	决策	选择试验实施方法、设计步骤	1. 试验实施方法	8	一处错误扣1分，扣完为止		
			2. 试验实施步骤				

（续表）

评价指标		评价要素		分数	评分明细	评分
四	实施	试验准备	1. 试验环境（温度、湿度）	5	每漏一项扣 1 分	
			2. 安全检查（水、电）		没有检查扣 1 分	
			3. 试验主要仪器		实操期间缺失扣 2 分	
		操作	1. 正确选用仪器设备	5	选择错误一处扣 1 分，扣完为止	
			2. 查阅资料，正确选择试验参数	3	选择错误扣 1 分，扣完为止	
			3. 依据试验规范进行实训操作（得分依据试验检测评分表）	40	根据操作规范酌情扣分	
		现场	1. 在试验过程中保持干净整齐安全	5	每错一项扣 1 分，扣完此项配分为止	
			2. 试验仪器设备恢复整理，清洁卫生	5	每违反一项扣 1 分，扣完此项配分为止	
五	控制	质量控制	正确读取和计算试验参数并正确分析检测结果，进行质量评定	10	能正确读数并计算试验参数，能进行质量评定，错一项，扣 1 分，扣完为止	
六	评价	工作过程评价	1. 合理自评	3		
			2. 合理互评	3		
合计				100		
提出改进措施						

任务三 钻孔灌注桩施工过程检测

一、必备知识

1. 钻孔灌注桩基本要求

灌注桩是在桩位处成孔，然后放入钢筋骨架，再浇筑混凝土而成的桩。灌注桩按成孔方法可分为钻孔灌注桩、挖孔灌注桩、冲孔灌注桩、套管成孔灌注桩及爆扩成孔灌注桩等。钻孔灌注桩是指采用不同的钻孔方法，在土中形成一定直径的井孔，达到设计标高后，将钢筋骨架（笼）吊入井孔中，灌注混凝土形成的桩基。

《公路工程质量检验评定标准》（JTG F80/1–2017）对钻孔灌注桩施工要求如下。

（1）钻孔灌注桩成孔后必须清孔，测量孔径、孔深、孔位和沉淀层厚度，确认满足设计要求和施工技术规范要求后，方可灌注水下混凝土。

（2）水下混凝土应连续灌注，灌注时钢筋笼不应上浮。

（3）嵌入承台的锚固钢筋长度不得小于设计要求的锚固长度。

2. 实测项目

钻孔灌注桩实测项目有混凝土强度、桩位、孔深、孔径、钻孔倾斜度、沉渣厚度。挖孔桩实测项目有混凝土强度、桩位、孔深、孔径或边长、孔的倾斜度、桩基完整性。

此外，《公路桥涵施工技术规范》（JTG/T 3650–2020）还要求施工过程检验筑岛、护筒、泥浆性能、灌注混凝土质量、钢筋笼与导管等项目。

3. 外观质量

钻孔灌注桩、挖孔桩外观质量应符合以下规定：

（1）凿除桩头预留混凝土后，桩顶应无残余的松散混凝土。

（2）外露混凝土表面不应存在缺陷。

二、任务描述

1. 任务资讯

受重庆宇翔置业有限公司委托，重庆交院和瑞工程检测技术有限公司将对江津区幸福苑福城住宅小区 1 号楼工程桩基进行检测。检测桩基采用钻孔灌注桩，设计要求对锚桩 M9 号桩在灌注混凝土前进行成孔质量检测，以便核对地质资料、检验设备、施工工艺及技术是否适宜。检测内容包括孔径、孔深、孔垂直度和孔底沉渣厚度等进行检测。桩孔成孔质量设计要求为：桩径为 800 mm；桩孔深 44 m，保证有效桩长 38 m；孔垂直度 ≤ 1/100；孔底沉渣厚度 ≤ 100 mm。完成桥梁钻挖孔灌注桩施工过程的检测内容及成孔质量检验，包括对桩孔孔位、孔径、孔深、倾斜度及孔底处理情况等进行检测。

任务名称：钻孔灌柱桩检测。

任务描述：根据工程设计和施工要求，对桩基进行成孔质量以及泥浆的性能参数等检测，做出质量评定。

任务周期：10 天。

接受任务后，查询有关资料，完成以下任务：

（1）填写试验任务委托单（表 4–3–1）。

（2）仪器准备。

（3）孔径、孔深、孔垂直度和孔底沉渣厚度检测。

（4）泥浆的性能参数，比重、黏度、含砂率检测。

（5）数据记录和处理。

（6）填写试验相关报告及表格。

表 4-3-1　钻孔灌注桩施工过程检测试验任务委托单

<table>
<tr><td>委托单位</td><td colspan="3"></td><td>建设单位</td><td colspan="3"></td></tr>
<tr><td>施工单位</td><td colspan="3"></td><td>见证单位</td><td colspan="3"></td></tr>
<tr><td>委托人及电话</td><td colspan="3"></td><td>见证人及电话</td><td colspan="3"></td></tr>
<tr><td>工程名称</td><td colspan="3">江津区幸福苑福城住宅小区 1 号楼</td><td>见证号</td><td colspan="3">20××××</td></tr>
<tr><td>工程地址</td><td colspan="3">重庆市江津区双福新区祥福大道</td><td>监督员及电话</td><td colspan="3"></td></tr>
<tr><td>委托日期</td><td colspan="3">2024.×.×</td><td>监督单位</td><td colspan="3"></td></tr>
<tr><td>检验检测类别</td><td colspan="7">☐ 普通送检　☐ 常规见证送检　☑ 监督抽检　☐ 执法抽检　☐ 其他</td></tr>
<tr><td>工程编码</td><td colspan="3">01××××</td><td>监督编号</td><td colspan="3">× × × × × ×</td></tr>
<tr><td>桩号</td><td colspan="2"></td><td>设计桩长</td><td></td><td colspan="2">设计桩径</td><td></td></tr>
<tr><td colspan="2">孔垂直度要求</td><td colspan="2"></td><td colspan="2">孔底沉渣厚度要求</td><td colspan="2"></td></tr>
<tr><td colspan="8">以下内容由委托单位按要求填写清楚或根据需要选择以下项目（请√）</td></tr>
<tr><td>报告领取</td><td colspan="7">☑ 凭委托书前台领取　☐ 快递（到付）　报告份数默认为一式 3 份（需更改为一式　份）</td></tr>
<tr><td>检测依据</td><td colspan="7">☑《建筑基桩检测技术规范》（JGJ94—2018）
☑《基桩检测技术规范》（JGJ106—2014）</td></tr>
<tr><td>检测参数</td><td colspan="7">☑ 孔位　☑ 孔径　☑ 桩孔深　☑ 钻孔倾斜度　☑ 孔底沉渣厚度</td></tr>
<tr><td>检测方法</td><td colspan="7">☑ 超声波法　☑ 低应变法</td></tr>
<tr><td>工程部位</td><td colspan="7">地基</td></tr>
<tr><td>送检双方确认</td><td colspan="7">☑ 委托方保证所提供的相关信息与资料的真实性，并承担相应责任，并同意支付检测费用和提供必要的检测协助</td></tr>
<tr><td>合同评审</td><td colspan="7">本公司现有资源：☑ 满足客户要求　　☐不满足客户要求，不能接收委托</td></tr>
<tr><td>说明</td><td colspan="7">1. 委托方对送检样品的真实性负责，检测结果只对来样负责；2. 凭委托单查取报告；3. 见证送样（监督送样）时必须提供相关的见证记录（监督抽检通知书），并由见证员（监督员）在委托书上签名；4. 委托时需提供质保书 / 出厂合格证等产品质量证明文件；5. 若对报告有异议，应于收到报告之日起 15 日内，以书面形式向检测单位提出，逾期视为对报告无异议；6. 需退回检测后的残余样品的请在委托时标识好；7. 检测报告用于验收时，委托时必须有监督登记号；8. 委托单填错时，请更改者用杠改法并签名确认</td></tr>
<tr><td>备注</td><td colspan="7"></td></tr>
</table>

明确小组内部角色分工，如小组组长、技术员、资料员和检测员，填写表 4-3-2。

表 4-3-2　角色分工

任务：				
序号	角色	职责	人员	备注
1	组长	协调内部分工和进度		
2	资料员	资料整理		
3	技术员	控制检测流程		
4	检测员	配合组长执行任务		

2. 试验仪器

本试验主要用到钻孔灌注桩成孔质量检测系统，它的功能是可对灌注桩钻孔的深度、垂直度、孔径、孔底沉渣等参数进行测量，并用全数字化传输并自动在电脑中记录。

系统构成如下：

1）笔记本电脑（包含便携式打印机）（自备，提供上位机检测软件）。

2）地面仪。具体技术指标如下：

（1）工作电源：交流 220 V ± 10%，频率 50 Hz，接地良好。

（2）工作环境：温度：-20 ~ +75 ℃。

（3）地面仪尺寸：270 mm × 180 mm × 150 mm。

3）JJY-1D 数字井径仪。

（1）不同型号的井径仪的测量范围不同。JJY-1D-12 型的测量范围为 ϕ500 ~ ϕ1 200 mm；JJY-1D-18 型的测量范围为 ϕ600 ~ ϕ1 800 mm；JJY-1D-25 型，测量范围：ϕ600 ~ ϕ2 500 mm。

（2）测量误差：1%F.S。

（3）仪器耐压：20 MPa。

（4）工作温度：-20 ~ +75 ℃。

（5）仪器直径：ϕ62 mm。

4）JJX-3D 高精度测斜仪。具体技术指标如下：

（1）顶角测量范围：0° ~45° 。

（2）测量精度：± 0.1°，分辨率：0.01° 。

（3）测量方式：点测，直读。

（4）测量点数：任意。

5）CZ-2 型沉渣仪。主要技术指标如下：

（1）测量范围：0 ~ 20 cm。

（2）测量误差：≤ 2 cm

（3）分辨率：2 mm。

（4）仪器耐压：20 MPa。

（5）工作温度：-20 ~ +75 ℃。

（6）仪器外形尺寸：ϕ50 × 1 350 mm。

（7）重量：5 kg。

6）DJ0265 型测井绞车。主要技术指标如下：

（1）测井深度：100 m ~ 150 m。

（2）提升速度：0 ~ 1 000 m/h。

（3）配用电缆直径：9 mm。

（4）电源：交流 220 V，50 Hz。

（5）输电装置：JLH0710 四芯。

7）JH1000 井口滑轮。主要技术指标如下：

（1）测量轮：1 m/ 圈。

（2）光脉冲计数误差：± 1‰。

（3）井架的外形尺寸：2 000 mm × 320 mm。

8）井下仪。主要技术指标如下：

（1）工作环境温度：0 ~ 85 ℃。

（2）耐压：25 MPa。

（3）井下仪外形尺寸：Φ40 × 1 350 mm。

（4）重量：6 kg。

三、任务实施

1. 制订计划

1）仪器设备

查找试验用仪器设备，完成表 4-3-3。

表 4-3-3　试验用仪器设备

序号	主要仪器	备注	辅助仪器	备注
1				
2				
3				
4				
5				
6				

2）人员分工

完成任务人员分工，填写表 4-3-4。

表 4-3-4 人员分工

序号	计划内容	人员	备注
1	测试桩准备		
2	水电安全检查		
3	仪器设备准备		
4	仪器设备状态检查		
5	检测人员		
6	记录人员		

2. 决策

1）查阅试验规程，说明如何选择钻孔桩成孔质量和泥浆指标的试验方法。

2）查阅试验规程，说明钻孔灌注桩成孔质量和泥浆指标检测试验所用仪器。

3）小组讨论确定本组试验工作流程。

3. 试验

1）试验前的准备工作

（1）完成试验前仪器设备准备，并完成表 4–3–5。

表 4–3–5　主要仪器及现场

主要仪器设备及编号	
现场说明	

（2）为确保试验时锤击力的正常传递和提高工作效率，应先凿掉桩顶部的破碎层和软弱混凝土。

（3）挖坑。开挖尺寸为宽 × 长 × 深 = 桩径 ×1 200 mm×2 倍桩径（深度为与桩顶的距离）的两个相对的坑。然后，在桩对称的两边砌平台，另两边挖坑，平台顶面宜在距桩顶 ±600 mm 范围内，两平台应水平且互相平行。

6）试桩场地应平整、稳固，适合吊车及平板车的出入；根据导向架和重锤的重量配备相应吨位的吊车。

2）试验步骤

（1）桩基孔径和垂直度检测

测量之前，需对仪器进行全面的刻度校正。将“现场刻度器”套在孔径仪张开的四条测腿上，用尺量出刻度值，调整记录仪的记录笔到相应的刻度位置。如记录仪“测程”为 10 mV/cm，测腿量出的刻度值为 ϕ800 mm，则可把记录幅度调节为 80 mm，此时记录的横向比例为 1∶10。由于桩的孔口尺寸是可以丈量的，有时检测人员也将孔口作为校正刻度值。

仪器校正后将测头的四条测腿合拢，并套上开腿盒锁定。开动绞车将测头放入孔内，当电缆上特殊标志下到钻进深度的起算面时停住，将深度显示值预置为 5.00 m，并在对应电缆上的某一深度记号处的地面上钉下标志杆作为标准点，此后深度显示将直接指示仪器在孔中的测点位置。测头到达孔底后电缆就会松弛，在孔口快速上提电缆，泥浆的反力将使开腿盒与测腿脱开，测腿随即自动弹开并贴住孔壁，记录笔也随之右移。开动绞车上提电缆开始孔径测量。

测量过程中，记录纸随电缆走动，记录笔随孔径大小变化左右移动。当电缆上的每一个深度记号经过标准点时，都要按动仪器的深度记号器，直到测头被提到孔口为止，这样带有深度标志的孔径曲线就会被自动描绘下来。如果做孔径的点测，可将测头提到每一预定的测点深度，在仪器上读出对应的孔径电压值，再按照仪器厂家提供的电流设置 I 和仪器常数 k，并根据公式计算出实际的孔径值。

测量时如孔底泥浆密度过大，会阻碍测腿顺利弹到位，孔底测量值会偏小；如孔底冲刷时间过长，则孔径将偏大。因此，测量时要结合桩孔施工情况对测量结果加以判断。

（2）垂直度测量

使用高精度测斜仪进行成孔垂直度测量。高精度测斜仪是采用高分辨率传感器并配以计算机进行数据处理的精密测斜系统，使用时将仪器放入钻杆中逐节测量，并要求钻杆与孔壁的斜度保持一致。该仪器顶角测量精度优于一般测斜仪，但不用作方位测量。

（3）清孔和孔底沉渣厚度检测

清孔的质量要求为：对于摩擦桩，孔底沉淀土的厚度不大于设计规定；清孔后的泥浆性能系数应满足指标要求；对于支撑桩，灌注混凝土前，孔底沉淀土的厚度不大于设计规定。

在钻孔灌注桩成孔过程中，采用循环泥浆液清洗孔底、护壁，并将钻渣携带回地面。泥浆液携带钻渣的能力与其黏度、胶体率、含砂量等指标有关。桩成孔后总有一部分钻渣未带上地面而沉淀于孔底，成孔后至灌注混凝土的间隙过长以及可能产生的孔壁坍塌等也会造成孔底沉淀。孔底沉渣的厚薄会直接影响桩端的承载能力，沉渣太厚将使桩的承载能力大大降低。因此，在灌注桩孔混凝土之前必须对沉渣厚度进行检测，必要时须进行再次清孔，直到沉渣厚度满足要求。目前，测量沉渣厚度的方法大致有测锤法、电阻率法、电容法、声波法等。

3）试验注意事项

（1）桩头顶面应水平、平整，桩头中轴线与桩身中轴线应重合，桩头截面积应与原桩身截面积相同，桩头主筋应全部直通至桩顶混凝土保护层之下，各主筋应在同一高度上。

（2）桩头应高出桩周土 2 ~ 3 倍桩径，桩周 1.2 m 以内应平整夯实。

（3）桩基强度应达到设计要求。

4）数据记录及小结

（1）记录数据并填写表 4-3-6。

表 4-3-6 钻（挖）孔灌注桩成孔质量检测记录

<table>
<tr><td colspan="2">工程名称</td><td colspan="2"></td><td>施工日期</td><td></td></tr>
<tr><td colspan="2">施工单位</td><td colspan="2"></td><td>桩 号</td><td></td></tr>
<tr><td rowspan="2">序号</td><td rowspan="2">项 目</td><td colspan="2">质 量 检 验 值</td><td colspan="2" rowspan="2">备 注</td></tr>
<tr><td>设计要求或规范规定</td><td>实 测 值</td></tr>
<tr><td>1</td><td>孔位中心（mm）</td><td>≤ 100</td><td></td><td colspan="2"></td></tr>
<tr><td>2</td><td>孔径（mm）</td><td>± 50</td><td></td><td colspan="2"></td></tr>
<tr><td>3</td><td>垂直度</td><td>< 1%</td><td></td><td colspan="2"></td></tr>
<tr><td>4</td><td>孔底沉渣厚度（mm）</td><td>≤ 50</td><td></td><td colspan="2"></td></tr>
<tr><td>5</td><td>孔底标高（m）</td><td>≤ 300</td><td></td><td colspan="2"></td></tr>
<tr><td>6</td><td>扩大头尺寸（m）</td><td>/</td><td></td><td colspan="2"></td></tr>
<tr><td>7</td><td>清孔后泥浆比重</td><td>1.15 ~ 1.20</td><td></td><td colspan="2"></td></tr>
</table>

（续表）

<table>
<tr><td rowspan="2">序号</td><td rowspan="2">项　　目</td><td colspan="2">质　量　检　验　值</td><td rowspan="2">备　注</td></tr>
<tr><td>设计要求或规范规定</td><td>实 测 值</td></tr>
<tr><td>8</td><td>桩类进入持力层情况</td><td>≥设计值（500 mm）</td><td></td><td></td></tr>
<tr><td rowspan="2">施工
单位</td><td>项目技术负责人</td><td>施　工　员</td><td rowspan="2">监理（建设）
单位</td><td>监理工程师（建设单位
项目专业技术负责人）</td></tr>
<tr><td></td><td></td><td></td></tr>
</table>

（2）试验小结。

4. 控制

1）明确检测注意事项及责任分工，填入表 4–3–7。

表 4–3–7　检测注意事项及责任分工

序号	检测注意事项	检测人员	备注

2）小组讨论分析试验失误产生的原因及预防措施，填写表 4–3–8。

表 4–3–8　失误分析

序号	试验失误	产生原因	预防措施

四、任务评价

1. 小组复盘

各小组根据本组试验情况进行自评及复盘，并填写表 4-3-9。

表 4-3-9　小组复盘

班级		组别		日期		
序号	考评项目	考评要点	考评方法	应得分	实得分	问题说明
1	信息检索	（1）能有效利用网络资源、工作手册查找有效信息 （2）能将查找到的信息有效转换到工作中	能查找有效信息得 2 分，能将信息有效转换到工作中得 3 分	5		
2	职业素养	（1）团结协作 （2）自主试验，没有抄袭 （3）时间观念强，不迟到、早退、旷课	有效团队协作得 5 分，自主试验得 5 分，遵守纪律得 5 分，迟到早退一次 扣 5 分，旷课一次扣 10 分，扣完为止	15		
3	试验准备	（1）试验环境符合要求 （2）设备安装正确	环境不满足要求扣 5 分，设备安装错误一处扣 5 分，扣完为止	10		
4	桩孔检测	测试步骤正确	步骤错误一处扣 5 分，扣完为止	15		
5	泥浆指标检测	（1）读数准确 （2）操作符合要求	步骤错误一处扣 5 分，读数错误一处扣 3 分，扣完为止	15		
6	计算结果	（1）计算正确 （2）评定准确	计算错误一处扣 3 分，评定错误一处扣 5 分，扣完为止	20		
7	报告规范	（1）书写工整，无错别字 （2）按时完成，无错误	书写不规范一处扣 2 分，错误一处扣 2 分，不按时完成扣 5 分，扣完为止	20		
自评分数						
有益的经验和做法						
改进措施						

2. 教师评价

教师按照评分标准对各小组进行任务工作过程总评，并填写表 4-3-10。

表 4-3-10　任务工作过程总评

<table>
<tr><td colspan="2">班级</td><td colspan="2"></td><td>组名</td><td></td><td colspan="2">成员姓名</td></tr>
<tr><td colspan="2">出勤情况</td><td colspan="6"></td></tr>
<tr><td colspan="2">评价指标</td><td colspan="2">评价要素</td><td>分数</td><td colspan="2">评分明细</td><td>评分</td></tr>
<tr><td rowspan="2">一</td><td rowspan="2">信息</td><td rowspan="2">口述任务内容并分组分工</td><td>1. 表述仪态自然、吐字清晰</td><td rowspan="2">5</td><td colspan="2">表述仪态不自然或吐字模糊扣 1 分</td><td rowspan="2"></td></tr>
<tr><td>2. 表述思路清晰、层次分明、准确，分组分工明确</td><td colspan="2">表述思路模糊或层次不清扣 2 分，分工不明确扣 2 分</td></tr>
<tr><td rowspan="2">二</td><td rowspan="2">计划</td><td rowspan="2">根据试验规范制订相关计划</td><td>1. 分析试验关键点准确</td><td rowspan="2">8</td><td colspan="2">表述思路或层次不清一处扣 2 分</td><td rowspan="2"></td></tr>
<tr><td>2. 制订计划及清单清晰合理</td><td colspan="2">计划及清单不合理一处扣 2 分</td></tr>
<tr><td rowspan="2">三</td><td rowspan="2">决策</td><td rowspan="2">选择试验实施方法、设计步骤</td><td>1. 试验实施方法</td><td rowspan="2">8</td><td colspan="2" rowspan="2">一处错误扣 1 分，扣完为止</td><td rowspan="2"></td></tr>
<tr><td>2. 试验实施步骤</td></tr>
<tr><td rowspan="8">四</td><td rowspan="8">实施</td><td rowspan="3">试验准备</td><td>1. 试验环境（温度、湿度）</td><td rowspan="3">5</td><td colspan="2">每漏一项扣 1 分</td><td rowspan="8"></td></tr>
<tr><td>2. 安全检查（水、电）</td><td colspan="2">没有检查扣 1 分</td></tr>
<tr><td>3. 试验主要仪器</td><td colspan="2">实操期间缺失扣 2 分</td></tr>
<tr><td rowspan="3">操作</td><td>1. 正确选用仪器设备</td><td>5</td><td colspan="2">选择错误一处扣 1 分，扣完为止</td></tr>
<tr><td>2. 查阅资料，正确选择试验参数</td><td>3</td><td colspan="2">选择错误扣 1 分，扣完为止</td></tr>
<tr><td>3. 依据试验规范进行实训操作（得分依据试验检测评分表）</td><td>40</td><td colspan="2">根据操作规范酌情扣分</td></tr>
<tr><td rowspan="2">现场</td><td>1. 在试验过程中保持干净整齐安全</td><td>5</td><td colspan="2">每错一项扣 1 分，扣完此项配分为止</td></tr>
<tr><td>2. 试验仪器设备恢复整理，清洁卫生</td><td>5</td><td colspan="2">每违反一项扣 1 分，扣完此项配分为止</td></tr>
</table>

（续表）

评价指标		评价要素		分数	评分明细	评分
五	控制	质量控制	正确读取和计算试验参数并正确分析检测结果，进行质量评定	10	能正确读数并计算试验参数，能进行质量评定，错一项，扣1分，扣完为止	
六	评价	工作过程评价	1. 合理自评	3		
			2. 合理互评	3		
合计				100		
提出改进措施						

项目五
桥梁工程检测

知识目标

1. 掌握桥梁静荷载、动荷载试验方法和原理。
2. 掌握桥梁静荷载、动荷载试验数据处理方法。
3. 熟悉桥梁静荷载、动荷载试验条件。
4. 熟悉桥梁静荷载、动荷载试验报告要求。

能力目标

1. 能调试桥梁荷载试验仪器设备并进行桥梁荷载试验。
2. 能够分小组试验,通过情境化的任务学习解决工程实际问题。
3. 能够正确填报试验数据,并对试验数据进行分析和质量评定。

素质目标

1. 具备解决试验中出现的问题的能力,能够持续学习和掌握新的试验技术和试验仪器。
2. 分工有序,能够与其他成员进行合作和沟通。
3. 关注试验操作的规范性,并具备自我评估和优化的能力。
4. 具备良好的职业操守。

任务一 桥梁静荷载试验

一、必备知识

桥梁静载试验前应进行必要的与试验有关的计算，如计算试验控制荷载、静力加载效率、试验荷载作用下测试断面的内力或变形控制值等。所有相关计算结果是选择试验荷载大小、加载等级等的理论依据，也作为试验加载响应的期望值。

《公路桥梁荷载试验规程》（JTG/T J21-01—2015）（以下称 JTG/T J21-01—2015）规定：新建桥梁和进行了加宽或加固后的桥梁，可通过荷载试验来检验桥梁结构的正常使用状态和承载能力是否符合设计要求。对在用桥梁，除按《公路桥梁承载能力检测评定规程》（JTG/T J21—2011）第 3.2.4 条规定（即经检算“作用效应与抗力效应的比值在 1.0 ~ 1.2 之间时，应根据本规程的有关规定通过荷载试验评定承载能力”）进行荷载试验外，存在下列情况之一时，可进行荷载试验：

（1）技术状态等级为四、五类。

（2）拟提高荷载等级。

（3）需要通过特殊重型车辆荷载。

（4）遭受重大自然灾害或意外事件。

（5）采用其他方法难以准确判断其能否承受预定荷载。

只有少数桥梁需进行荷载试验。对绝大多数桥梁来说，按照桥梁管理养护要求，只需进行常规检查或定期检查和结构检算。因此，应该明确荷载试验的适用性，即哪些桥梁该做荷载试验，哪些桥梁不该做或没必要做荷载试验。当采用调查、检算的方法不足以鉴定桥梁承载能力时，可采用荷载试验，以测定桥梁在荷载作用下的实际工作状况，结合调查、检算来评定桥梁承载能力。一般在下列情况下，可考虑做荷载试验：

（1）桥梁的施工质量合格，使用状况良好，检算主要指标虽然不符合要求，但是超过指标幅度较小（30% 以内），可能还有承载能力。

（2）桥梁的施工质量很差，可能存在隐患，仅用调查检算难以确定桥梁的承载能力。

（3）桥梁在运营中损坏较严重，可能影响桥梁的承载能力。

（4）桥梁缺乏设计、施工资料或桥梁结构受力不明确，不便准确进行桥梁承载能力检算。

（5）为满足科研或积累资料需要时。

二、任务描述

1. 任务资讯

受重庆市共用事业局委托，重庆交院和瑞工程检测技术有限公司将对羊角沟桥梁工程进行桥梁静荷载试验，通过对桥梁按设计荷载直接加载，测试桥梁在不利荷载作用下的实际响应，以进一步分析和了解桥梁的工作状态，从而判断桥梁结构的实际承载能力。

重庆羊角沟桥梁位于重庆市胜利一路，建于 1989 年，起点桩号为 K2+846.258，终点桩号为 K3+121.758，桥梁全长 275.5 m。上部结构采用钢筋混凝土肋箱式拱桥，桥面宽 8.0 m，主拱跨度 80 m。该桥年代较早，桥梁结构部件已出现不同程度的损伤，为了解该桥的受力性状及承载能力，需对该桥进行静载评估试验。

任务名称：桥梁静荷载试验。

任务描述：根据任务要求及检测规范，对桥梁进行静荷载试验，鉴定桥梁的承载能力及其使用条件。

任务周期：10 天。

接受任务后，查询有关资料，完成以下任务：

（1）填写任务委托单（表 5–1–1），并完成小组内部角色分工。

表 5–1–1　试验任务委托单

<table>
<tr><td>委托单位</td><td colspan="2"></td><td>建设单位</td><td colspan="2"></td></tr>
<tr><td>施工单位</td><td colspan="2"></td><td>见证单位</td><td colspan="2"></td></tr>
<tr><td>委托人及电话</td><td colspan="2"></td><td>见证人及电话</td><td colspan="2"></td></tr>
<tr><td>工程名称</td><td colspan="2">重庆羊角沟桥梁工程</td><td>见证号</td><td colspan="2">20××××</td></tr>
<tr><td>工程地址</td><td colspan="2">重庆市胜利一路</td><td>监督员及电话</td><td colspan="2"></td></tr>
<tr><td>委托日期</td><td colspan="2">2024.×.×</td><td>监督单位</td><td colspan="2">重庆市江河工程监理咨询有限公司</td></tr>
<tr><td>检验检测类别</td><td colspan="5">□ 普通送检　□ 常规见证送检　☑监督抽检　□ 执法抽检　☑其他</td></tr>
<tr><td>工程编码</td><td colspan="2">01××××</td><td>监督编号</td><td colspan="2">××××××</td></tr>
<tr><td>上部结构形式</td><td></td><td>桥面宽度</td><td></td><td>桥长</td><td></td></tr>
<tr><td colspan="6">以下内容由委托单位按要求填写清楚或根据需要选择以下项目（请√）</td></tr>
<tr><td>报告领取</td><td colspan="5">□ 凭委托书前台领取　☑ 快递（到付）　报告份数默认为一式 3 份（需更改为一式　份）</td></tr>
<tr><td>检测依据</td><td colspan="5">☑《公路桥梁承载能力检测评定规程》（JTG/T J21—2011）
☑《城市桥梁检测技术标准》（DBJ/T 15–87—2022）
□《城市桥梁检测与评定技术规范》（CJJ/T 233—2015）</td></tr>
<tr><td>载荷试验类别</td><td colspan="5">□ 验收静荷载试验
☑ 鉴定静荷载试验</td></tr>
<tr><td>送检双方确认</td><td colspan="5">☑ 委托方保证所提供的相关信息与资料的真实性，并承担相应责任，并同意支付检测费用和提供必要的检测协助</td></tr>
<tr><td>合同评审</td><td colspan="5">本公司现有资源：☑满足客户要求　　□ 不满足客户要求，不能接收委托</td></tr>
<tr><td>说明</td><td colspan="5">1. 委托方对送检样品的真实性负责，检测结果只对来样负责；2. 凭委托单查取报告；3. 见证送样（监督送样）时必须提供相关的见证记录（监督抽检通知书），并由见证员（监督员）在委托书上签名；4. 委托时需提供质保书 / 出厂合格证等产品质量证明文件；5. 若对报告有异议，应于收到报告之日起 15 日内，以书面形式向检测单位提出，逾期视为对报告无异议；6. 需退回检测后的残余样品的请在委托时标识好；7. 检测报告用于验收时，委托时必须有监督登记号；8. 委托单填错时，请更改者用杠改法并签名确认</td></tr>
<tr><td>备注</td><td colspan="5"></td></tr>
</table>

（2）试验仪器准备。
（3）加载试验、数据采集。
（4）检验桥梁设计施工质量。
（5）判定桥梁结构的实际承载力。
（6）填写试验相关报告及表格。
明确小组内部角色分工，如小组组长、技术员、资料员和检测员，完成表5–1–2。

表5–1–2　角色分工

任务：				
序号	角色	职责	人员	备注
1	组长	协调内部分工和进度		
2	资料员	资料整理		
3	技术员	控制检测流程		
4	检测员	配合组长执行任务		

2. 试验仪器

（1）加载装置。
（2）应变测试设备（电阻式应变计等）。
（3）位移测试设备（千分表或百分表或全站仪）。
（4）工作脚手架、桥检车。

三、任务实施

1. 制订计划

1）仪器设备
查找试验用仪器设备，完成表5–1–3。

表5–1–3　试验用仪器设备

序号	主要仪器	备注	辅助仪器	备注
1				
2				
3				
4				
5				
6				

2）测点规划

将测点横距及状态规划填入表 5–1–4。

表 5–1–4　测点规划

测点编号	横距	状态
1		
2		
3		
4		
5		

3）人员分工

完成任务人员分工，并填写表 5–1–5。

表 5–1–5　人员分工

序号	计划内容	人员	备注
1	测点准备		
2	水电安全检查		
3	仪器设备准备		
4	仪器设备状态检查		
5	检测人员		
6	记录人员		
7	复核人员		

2. 决策

1）查阅试验规程，说明选择桥梁静荷载试验地点的依据。

2）查阅试验规程，说明桥梁静荷载试验所用仪器。

3）小组讨论确定本组试验的工作流程

3. 试验

1）试验前的准备工作

了解桥梁的基本情况，包括设计、施工和服役历史等。同时，要收集和研究相关资料，以确定试验的目的、方案和安全措施等。在试验前还需进行现场勘查，观察桥梁的结构特点、变形以及裂缝分布等情况，并对桥梁的附属设施进行详细地了解。

2）试验步骤

（1）读取静载初读数

静载初读数是指试验正式开始时的零荷载读数，不是准备阶段调试仪器的读数。从初读数开始整个测试系统就开始运作，测量、读数记录人员进入状态各司其职。

（2）加载

试验荷载应分级施加，加载级数应根据试验荷载总量和荷载分级增量确定，可分成3～5级。当桥梁的技术资料不全时，应叠加分级，重点测试桥梁在荷载作用下的响应规律时，可适当加密加载分级。加载过程中，应保证非控制截面内力或位移不超过控制荷载作用下的最不利值。

当试验条件有限制时，附加控制截面可只进行最不利加载时间试验，间隔应满足结构反应稳定的时间要求，应在前一荷载阶段内结构反应相对稳定、进行了有效测试及记录后再进入下一荷载阶段。

当进行主要控制截面最大内力（变形）加载试验时，分级加载的稳定时间不应少于5 min；对尚未投入营运的新桥，首个工况的分级加载稳定时间不宜少于15 min。

（3）加载控制

《公路桥梁荷载试验规程》（JTG/T J21-01—2015）规定：应根据各工况的加载分级，对各加载过程结构控制点的应变（或变形）、薄弱部位的破损情况等进行观测与分析，并与理论计算值对比。当试验过程中发生下列情况之一时，应停止加载，查清原因，采取措施后再确定是否进行试验：

① 控制测点应变值已达到或超过计算值。

② 控制测点变形（或挠度）超过计算值。

③ 结构裂缝的长度、宽度或数量明显增加。

④ 实测变形分布规律异常。

⑤ 桥体发出异常响声或发生其他异常情况。

⑥ 斜拉索或吊索（杆）索力增量实测值超过计算值。

（4）卸载读零

一个工况结束，荷载退出桥面，各测点读回零值。试验加卸载稳定后读数，观测结构残余变形或残余应变。当结构变形或应变在卸载后不能正常恢复时，可能是结构承载能力不足或其他原因，需要仔细分析。

3）试验过程中的注意事项

（1）气温变化

本试验原则上宜选择在气温变化不大于 2 ℃和结构温度趋于稳定的时间间隔内进行。在量测试验荷载作用下结构响应的同时，应相应地测量结构表面温度。本试验宜在 21：00 至次日 6：00 这一时间段内进行。

（2）荷载持续时间

本试验中的荷载持续时间，原则上取决于结构变位达到相对稳定所需要的时间，只有结构变位达到相对稳定后，才能进入下一荷载阶段。同一级荷载内，若结构变位最大的测点在最后 5 min 内的变位增量小于第一个 5 min 变位增量的 15% 即为达到相对稳定状态。

（3）读数

全部测点在正式试验前均应进行零荷载读数，以后每次加载或卸载后应读数一次，并在结构变位达到相对稳定后，进入下一级荷载之前再读数一次。对结构变位较大的测点，宜每隔 5 min 观测一次，以观测结构变位是否达到相对稳定。

4）数据记录及小结

（1）记录试验数据，并完成表 5-1-6。

表 5-1-6　桥梁静荷载试验记录

工程名称：　　　　　　试桩号：　　　　　　　　　　　　日期：

荷载（kN）	观测时间	读数					沉降（mm）	
		表 1	表 2	表 3	表 4	平均	本次	累计

（续表）

荷载（kN）	观测时间	读数					沉降（mm）	
		表 1	表 2	表 3	表 4	平均	本次	累计

（2）试验小结。

4. 控制

1）明确检测注意事项及责任分工，完成表 5-1-7。

表 5-1-7 检测注意事项及责任分工

序号	检测注意事项	检测人员	备注

2）小组讨论分析试验过程中出现的失误的产生原因及相应预防措施，填写表 5-1-8。

表 5-1-8　试验失误分析

序号	试验失误	产生原因	预防措施

四、任务评价

1. 小组复盘

各小组根据本组试验情况进行自评及复盘，并填写表 5-1-9。

表 5-1-9　小组复盘

班级		组别		日期		
序号	考评项目	考评要点	考评方法	应得分	实得分	问题说明
1	信息检索	（1）能有效利用网络资源、工作手册查找有效信息 （2）能将查找到的信息有效转换到工作中	能查找有效信息得 2 分，能将信息有效转换到工作中得 3 分	5		
2	职业素养	（1）团结协作 （2）自主试验，没有抄袭 （3）时间观念强，不迟到、早退、旷课	有效团队协作得 5 分，自主试验得 5 分，遵守纪律得 5 分，迟到早退一次扣 5 分，旷课一次扣 10 分，扣完为止	15		
3	试验准备	（1）试验环境符合要求 （2）设备安装正确	环境不满足要求扣 5 分，设备安装错误一处扣 5 分，扣完为止	15		
4	车辆加载	（1）操作符合要求 （2）荷载分级合理	操作错误一处扣 3 分，荷载分级不合理扣 5 分，扣完为止	15		
5	读数记录	（1）读数正确 （2）按时终止	读数错误一处扣 3 分，未正确终止扣 5 分	15		

（续表）

序号	考评项目	考评要点	考评方法	应得分	实得分	问题说明
6	数据处理	（1）计算正确 （2）评定准确	计算错误一处扣 3 分，评定错误一处扣 5 分，扣完为止	15		
7	报告规范	（1）书写工整，无错别字 （2）按时完成，无错误	书写不规范一处扣 2 分，错误一处扣 2 分，不按时完成扣 5 分，扣完为止	20		
自评分数						
有益的经验和做法						
改进措施						

2. 教师评价

教师按照评分标准对各小组进行任务工作过程总评，填写表 5–1–10。

表 5–1–10　任务工作过程总评

<table>
<tr><td colspan="2">班级</td><td></td><td>组名</td><td></td><td>成员姓名</td><td></td></tr>
<tr><td colspan="2">出勤情况</td><td colspan="5"></td></tr>
<tr><td colspan="2">评价指标</td><td colspan="2">评价要素</td><td>分数</td><td>评分明细</td><td>评分</td></tr>
<tr><td rowspan="2">一</td><td rowspan="2">信息</td><td rowspan="2">口述任务内容并分组分工</td><td>1. 表述仪态自然、吐字清晰</td><td rowspan="2">5</td><td>表述仪态不自然或吐字模糊扣 1 分</td><td rowspan="2"></td></tr>
<tr><td>2. 表述思路清晰、层次分明、准确，分组分工明确</td><td>表述思路模糊或层次不清扣 2 分，分工不明确扣 2 分</td></tr>
<tr><td rowspan="2">二</td><td rowspan="2">计划</td><td rowspan="2">根据试验规范制订相关计划</td><td>1. 分析试验关键点准确</td><td rowspan="2">8</td><td>表述思路或层次不清一处扣 2 分</td><td rowspan="2"></td></tr>
<tr><td>2. 制订计划及清单清晰合理</td><td>计划及清单不合理一处扣 2 分</td></tr>
<tr><td rowspan="2">三</td><td rowspan="2">决策</td><td rowspan="2">选择试验实施方法、设计步骤</td><td>1. 试验实施方法</td><td rowspan="2">8</td><td rowspan="2">一处错误扣 1 分，扣完为止</td><td rowspan="2"></td></tr>
<tr><td>2. 试验实施步骤</td></tr>
</table>

（续表）

评价指标		评价要素		分数	评分明细	评分
四	实施	试验准备	1. 试验环境（温度、湿度）	5	每漏一项扣1分	
			2. 安全检查（水、电）		没有检查扣1分	
			3. 试验主要仪器		实操期间缺失扣2分	
		操作	1. 正确选用仪器设备	5	选择错误一处扣1分，扣完为止	
			2. 查阅资料，正确选择试验参数	3	选择错误扣1分，扣完为止	
			3. 依据试验规范进行实训操作（得分依据试验检测评分表）	40	根据操作规范酌情扣分	
		现场	1. 在试验过程中保持干净整齐安全	5	每错一项扣1分，扣完此项配分为止	
			2. 试验仪器设备恢复整理，清洁卫生	5	每违反一项扣1分，扣完此项配分为止	
五	控制	质量控制	正确读取和计算试验参数并正确分析检测结果，进行质量评定	10	能正确读数并计算试验参数，能进行质量评定，错一项，扣1分，扣完为止	
六	评价	工作过程评价	1. 合理自评	3		
			2. 合理互评	3		
合计				100		
提出改进措施						

任务二 桥梁动荷载试验

一、必备知识

桥梁动荷载试验量测动应变时，可采用动态电阻应变仪并配以记录仪器；量测振动时，可选用低频拾振器并配低频测振放大器及记录仪器；量测动挠度时，可选用电阻应变位移计配动态电阻应变仪及记录仪器。试验中的测试系统，一般可采用电磁式测试系统、压电式测试系统和电阻应变式测试系统或光电测试系统。

桥梁是承受动荷载的结构物，针对其日常运营过程中各种各样的动态问题，不仅要研究桥梁结构本身的动力特性，还要研究由车辆移动荷载引起的车辆振动以及其他动力响应等。桥梁动荷载试验是一个重要研究手段，其所涉及的问题，基本可归纳为如下三种类型：

（1）由桥梁外部振源引起的问题。桥梁外部振源是引起桥梁振动的外作用（包括移动车辆振动的激励或风、地震等）。

（2）桥梁结构动力特性方面的问题。结构动力特性是桥梁的固有特性，主要包括三个主要参数（频率、阵型和阻尼），它们是桥梁动态试验中最基本的内容。

（3）桥梁动力响应方面的问题。动力响应表示桥梁在特定动荷载作用下的动态“输出”，桥梁结构动力响应主要参数为动应力、动挠度、加速度。

桥梁动荷载试验包括跑车试验、跳车试验、制动试验和脉动试验。试验时，宜从动力响应小的测试项目做起，即先进行脉动试验，然后进行跑车试验，再进行跳车试验，有需要时再进行制动试验。

对于新建桥，应检验桥梁设计与施工的质量，并在成桥后进行现场荷载试验，在竣工验收中提供相关资料。

对于旧桥，应判断桥梁结构的实际承载能力，为旧桥加固、改造提供依据。

桥梁结构动力性能的各参数（如固有频率、阻尼比、振型、动力冲击系数）以及动力响应的大小，是宏观评价桥梁结构的整体刚度、运营性能的重要指标，也是一些规范评价桥梁安全运营性能的主要尺度。桥梁结构的动力特性反映了结构的整体刚度、桥面平整度及耗散外部振动能量输入的能力。过大的动力响应会影响车辆的安全行驶及乘客乘坐的舒适性，应予以避免。在实际测试中，通常通过以下三个方面来评价桥梁结构的动力性能：

（1）比较桥梁结构频率的理论值和实测值，如果实测值大于理论值，说明桥梁结构的实际刚度较大，反之则说明桥梁结构的刚度偏小，可能存在开裂或者其他不正常现象。

（2）根据动力冲击系数的实测值来评价桥梁结构的行车性能，若测试所得的冲击系数较大，说明桥梁结构的行车性能差，桥面平整度不良，反之亦然。

（3）实测阻尼比的大小反映桥梁结构耗散外部能量输入的能力，若测试所得的阻尼比大，说明桥梁耗散外部能量输入的能力大，阻尼振动衰减快；反之，则说明桥梁耗散外部能量输入的能力小，阻尼振动衰减慢。过大的阻尼比可能是由桥梁结构存在开裂或支座工作不正常等现象所致。

二、任务描述

1. 任务资讯

受重庆市共用事业局委托，重庆交院和瑞工程检测技术有限公司将对古道湾桥梁工程在工厂内进行空心板单梁动荷载检测，以检验该空心板刚度是否满足设计要求。试验空心板编号为“1#”，板长 7.96 m，梁高 0.45 m，底宽 0.98 m，混凝土强度等级 C40。

任务名称：桥梁动荷载试验。

任务描述：根据委托方提供图纸和技术规范，对试验板进行空心板单梁动荷载试验，检验空心板的刚度是否满足设计要求。

任务周期：10 天。

接受任务后，借阅或上网查询有关资料，完成以下任务：

（1）填写任务委托单（表 5-2-1），并完成小组内部角色分工。

表 5-2-1　桥梁动荷载试验任务委托单

委托编号：　　　　　　　　　　　　　　　　　　　　　　　　　年　　月　　日

<table>
<tr><td>委托单位</td><td colspan="2"></td><td>建设单位</td><td colspan="2"></td></tr>
<tr><td>施工单位</td><td colspan="2"></td><td>见证单位</td><td colspan="2"></td></tr>
<tr><td>委托人及电话</td><td colspan="2"></td><td>见证人及电话</td><td colspan="2"></td></tr>
<tr><td>工程名称</td><td colspan="2">古道湾桥梁工程</td><td>见证号</td><td colspan="2">20××××</td></tr>
<tr><td>工程地址</td><td colspan="2">重庆市建设三路</td><td>监督员及电话</td><td colspan="2"></td></tr>
<tr><td>委托日期</td><td colspan="2">2024.×.×</td><td>监督单位</td><td colspan="2"></td></tr>
<tr><td>检验检测类别</td><td colspan="5">☐ 普通送检　☐ 常规见证送检　☑ 监督抽检　☐ 执法抽检　☑ 其他</td></tr>
<tr><td>工程编码</td><td colspan="2">01××××</td><td>监督编号</td><td colspan="2">××××××</td></tr>
<tr><td>空心板长</td><td></td><td>梁高</td><td></td><td>底宽</td><td></td></tr>
<tr><td colspan="2">空心板混凝土强度等级</td><td colspan="4"></td></tr>
<tr><td colspan="6">以下内容由委托单位按要求填写清楚或根据需要选择以下项目（请√）</td></tr>
<tr><td>报告领取</td><td colspan="5">☐ 凭委托书前台领取　☑ 快递（到付）　报告份数默认为一式 3 份（需更改为一式　份）</td></tr>
<tr><td>检测依据</td><td colspan="5">☑《公路桥梁承载能力检测评定规程》（JTG/T J21—2011）
☑《城市桥梁检测技术标准》（DBJ/T15-87—2022）
☑《城市桥梁检测与评定技术规范》（CJJ/T 233—2015）</td></tr>
<tr><td>载荷试验类别</td><td colspan="5">☐ 验收动荷载试验
☑ 鉴定动荷载试验</td></tr>
<tr><td>送检双方确认</td><td colspan="5">☑ 委托方保证所提供的相关信息与资料的真实性，并承担相应责任，并同意支付检测费用和提供必要的检测协助</td></tr>
<tr><td>合同评审</td><td colspan="5">本公司现有资源：☑ 满足客户要求　　☐ 不满足客户要求，不能接收委托</td></tr>
<tr><td>说明</td><td colspan="5">1. 委托方对送检样品的真实性负责，检测结果只对来样负责；2. 凭委托单查取报告；3. 见证送样（监督送样）时必须提供相关的见证记录（监督抽检通知书），并由见证员（监督员）在委托书上签名；4. 委托时需提供质保书 / 出厂合格证等产品质量证明文件；5. 若对报告有异议，应于收到报告之日起 15 日内，以书面形式向检测单位提出，逾期视为对报告无异议；6. 需退回检测后的残余样品的请在委托时标识好；7. 检测报告用于验收时，委托时必须有监督登记号；8. 委托单填错时，请更改者用杠改法并签名确认</td></tr>
<tr><td>备注</td><td colspan="5"></td></tr>
</table>

（2）桥梁动荷载试验仪器准备。
（3）加载试验、数据采集。
（4）检验桥梁设计施工质量。
（5）判定桥梁结构的实际承载力。
（6）试验数据填报及处理。
明确小组内部角色分工，如小组组长、技术员、资料员和检测员，填写表 5-2-2。

表 5-2-2 角色分工

任务：				
序号	角色	职责	人员	备注
1	组长	协调内部分工和进度		
2	资料员	资料整理		
3	技术员	控制检测流程		
4	检测员	配合组长执行任务		

2. 试验仪器

（1）加载装置。
（2）应变测试设备（电阻式应变计）。
（3）位移测试设备（千分表或百分表或全站仪）。
（4）其他：工作脚手架、桥检车。

三、任务实施

1. 制订计划

1）仪器设备
查找试验用仪器设备，完成表 5-2-3。

表 5-2-3 试验用仪器设备

序号	主要仪器	备注	辅助仪器	备注
1				
2				
3				
4				
5				
6				

2）测点规划

将测点横距及状态规划填入表 5-2-4。

表 5-2-4　测点规划

测点编号	横距	状态
1		
2		
3		
4		
5		

3）人员分工

完成任务人员分工，填写表 5-2-5。

表 5-2-5　人员分工

序号	计划内容	人员	备注
1	测点准备		
2	水电安全检查		
3	仪器设备准备		
4	仪器设备状态检查		
5	检测人员		
6	记录人员		
7	复核人员		

2. 决策

1）查阅试验规程，说明如何选择桥梁动荷载试验的试验荷载和试验工况。

2）查阅试验规程，说明桥梁动荷载试验的注意事项。

3）小组讨论确定本组试验工作流程。

3. 试验

1）试验前的准备工作

（1）试验荷载准备

《公路桥梁荷载试验规程》（JTG/T J21-01—2015）中用类似于静载试验中“加载效率”的概念来定义动荷载试验中的“加载效率” η_d：

$$\eta_d=\frac{S_d}{S_{l\max}} \tag{5-1}$$

其中，S_d 为动载试验荷载作用下控制截面的最大内力或变形；$S_{l\max}$ 为控制荷载作用下控制截面最大内力或变形（不计冲击）；η_d为动荷载试验加载效率，宜取高值，但不应超过 1。

对于大型桥梁，单辆车的加载效率可能偏低，通常采用多辆车横向并列一排同步行驶进行行车试验。为保证试验安全性，在纵桥向一般不安排车队。

（2）试验工况准备

《公路桥梁荷载试验规程》（JTG/T J21-01—2015）中规定，实桥动力响应试验应包括下列主要内容：

① 无障碍行车（跑车）试验

跑车测试的目的是判别不同行车速度下桥梁结构的动态响应（如位移或应力的动态增量和时程曲线），还可以分析出动态响应与车速之间的关系。宜在 5 ~ 80 km/h 范围内取多个大致均匀分布的车速进行行车试验。

② 有障碍行车（跳车）试验

跳车试验的作用是模拟桥面不平整状况下重车过桥所产生的动态效应。可设置弓形障碍物模拟桥面坑洼进行行车试验，车速宜取 5 ~ 20 km/h，障碍物宜布置在结构冲击效应显著部位。

③ 制动（刹车）试验

车速宜取 30 ~ 50 km/h，制动部位应为动态效应较大的位置。加载车辆可以是单辆，也可以是多辆，多辆加载时应要求车辆保持同速同步。加载过程中，若发现车辆明显偏位、车速明显不对，以及多辆车不同步等情况，应重新加载。

2）试验步骤

（1）仪器调试

使用动态电阻应变仪时，必须根据估计的应变大小确定增益、标定值范围等参数，并需要调整记录速度和记录幅值。

（2）车辆控制

试验过程中，要控制好车辆上下桥车速、位置和时间。同时，需要协助驾驶员准确控制行车速度，并注意每次上桥的行车路线，对一些大跨度桥梁，还要确定车辆行驶到各个断面时的位置信息。

（3）测试记录

① 跑车试验

车速在桥联（孔）上宜保持恒定，每个车速工况应进行 2 ~ 3 次重复试验。

② 跳车试验

车速在桥联（孔）上宜保持恒定，每个车速工况应进行 2 ~ 3 次重复试验。

③ 刹车

车辆以一定速度行进，到规定位置突然紧急制动，记录此制动时的动态响应时程曲线。

④ 实时在线车辆荷载试验

实时在线车辆荷载试验相当于桥梁日常或特殊运营情况下的实时监测，主要测试峰值交通量或特殊车辆作用下的结构的动态响应过程曲线、响应峰值、动态增量。

3）试验过程中的注意事项

试验过程中，要特别注意仪器的正确操作和信号实时控制。防止信号中断或幅值超限，发现信号记录明显出错或被遗漏等情况，应重新加载。另外，在各种不同工况中应抓住主要内容，如要求记录结构动态响应的完整过程时，重点记录信号的完整性；而只为确定动态增量时，则要求记录到响应信号的峰值及其附近部分。

4）数据记录及小结

（1）记录试验数据，填写表 5-2-6。

表 5-2-6　桥梁动载试验记录

委托单位		委托编号		主要仪器设备	
检测方位	□ 左幅　□ 右幅	试验形式		检测依据	
委托日期		检测日期		试验单位	
测量结果					

（续表）

<table>
<tr><td>通道布置示意图</td><td colspan="6"></td></tr>
<tr><td>序号</td><td>动挠度</td><td>动应变</td><td>加速度</td><td>速度（km/h）</td><td>频率（Hz）</td><td>阻尼比</td></tr>
<tr><td></td><td></td><td></td><td></td><td></td><td></td><td></td></tr>
<tr><td></td><td></td><td></td><td></td><td></td><td></td><td></td></tr>
<tr><td></td><td></td><td></td><td></td><td></td><td></td><td></td></tr>
</table>

（2）试验小结。

4. 控制

1）明确检测注意事项及责任分工，填写表 5-2-7。

表 5-2-7　检测注意事项及责任分工

序号	检测注意事项	检测人员	备注

2）小组讨论分析试验失误产生原因及预防措施，填写表 5-2-8。

表 5-2-8　失误分析

序号	试验失误	产生原因	预防措施

四、任务评价

1. 小组复盘

表 5-2-9　小组复盘

班级		组别		日期		
序号	考评项目	考评要点	考评方法	应得分	实得分	问题说明
1	信息检索	（1）能有效利用网络资源、工作手册查找有效信息 （2）能将查找到的信息有效转换到工作中	能查找有效信息得 2 分，能将信息有效转换到工作中得 3 分	5		
2	职业素养	（1）团结协作 （2）自主试验，没有抄袭 （3）时间观念强，不迟到、早退、旷课	有效团队协作得 5 分，自主试验得 5 分，遵守纪律得 5 分，迟到早退一次扣 5 分，旷课一次扣 10 分，扣完为止	15		
3	试验准备	（1）试验环境符合要求 （2）设备安装正确	环境不满足要求扣 5 分，设备安装错误一处扣 5 分，扣完为止	10		
4	车辆加载	（1）操作符合要求 （2）加载方法正确	操作错误一处扣 3 分，荷载分级不合理扣 5 分，扣完为止	15		
5	读数记录	（1）读数正确 （2）按时终止	读数错误一处扣 3 分，未正确终止扣 5 分	15		
6	数据处理	（1）计算正确 （2）评定准确	计算错误一处扣 3 分，评定错误一处扣 5 分，扣完为止	20		

（续表）

序号	考评项目	考评要点	考评方法	应得分	实得分	问题说明
7	报告规范	（1）书写工整，无错别字 （2）按时完成，无错误	书写不规范一处扣2分，错误一处扣2分，不按时完成扣5分，扣完为止	20		
自评分数						
有益的经验和做法						
改进措施						

2. 教师评价

教师按照评分标准对各小组进行任务工作过程总评。

表 5-2-10　任务工作过程总评

班级			组名		成员姓名	
出勤情况						
评价指标		评价要素		分数	评分明细	评分
一	信息	口述任务内容并分组分工	1. 表述仪态自然、吐字清晰	5	表述仪态不自然或吐字模糊扣1分	
			2. 表述思路清晰、层次分明、准确，分组分工明确		表述思路模糊或层次不清扣2分，分工不明确扣2分	
二	计划	根据试验规范制订相关计划	1. 分析试验关键点准确	8	表述思路或层次不清一处扣2分	
			2. 制订计划及清单清晰合理		计划及清单不合理一处扣2分	
三	决策	选择试验实施方法、设计步骤	1. 试验实施方法	8	一处错误扣1分，扣完为止	
			2. 试验实施步骤			

（续表）

<table>
<tr><th colspan="2">评价指标</th><th colspan="2">评价要素</th><th>分数</th><th>评分明细</th><th>评分</th></tr>
<tr><td rowspan="8">四</td><td rowspan="8">实施</td><td rowspan="3">试验准备</td><td>1. 试验环境（温度、湿度）</td><td rowspan="3">5</td><td>每漏一项扣 1 分</td><td rowspan="3"></td></tr>
<tr><td>2. 安全检查（水、电）</td><td>没有检查扣 1 分</td></tr>
<tr><td>3. 试验主要仪器</td><td>实操期间缺失扣 2 分</td></tr>
<tr><td rowspan="3">操作</td><td>1. 正确选用仪器设备</td><td>5</td><td>选择错误一处扣 1 分，扣完为止</td><td rowspan="3"></td></tr>
<tr><td>2. 查阅资料，正确选择试验参数</td><td>3</td><td>选择错误扣 1 分，扣完为止</td></tr>
<tr><td>3. 依据试验规范进行实训操作（得分依据试验检测评分表）</td><td>40</td><td>根据操作规范酌情扣分</td></tr>
<tr><td rowspan="2">现场</td><td>1. 在试验过程中保持干净整齐安全</td><td>5</td><td>每错一项扣 1 分，扣完此项配分为止</td><td rowspan="2"></td></tr>
<tr><td>2. 试验仪器设备恢复整理，清洁卫生</td><td>5</td><td>每违反一项扣 1 分，扣完此项配分为止</td></tr>
<tr><td>五</td><td>控制</td><td>质量控制</td><td>正确读取和计算试验参数并正确分析检测结果，进行质量评定</td><td>10</td><td>能正确读数并计算试验参数，能进行质量评定，错一项，扣 1 分，扣完为止</td><td></td></tr>
<tr><td rowspan="2">六</td><td rowspan="2">评价</td><td rowspan="2">工作过程评价</td><td>1. 合理自评</td><td>3</td><td></td><td></td></tr>
<tr><td>2. 合理互评</td><td>3</td><td></td><td></td></tr>
<tr><td colspan="3">合计</td><td></td><td>100</td><td></td><td></td></tr>
<tr><td colspan="3">提出改进措施</td><td colspan="4"></td></tr>
</table>

项目六
无损检测

知识目标

1. 掌握回弹法测定混凝土抗压强度、使用钢筋检测仪测定钢筋位置和保护层厚度的试验步骤及注意事项。

2. 掌握回弹法测定混凝土抗压强度、使用钢筋检测仪测定钢筋位置和保护层厚度的试验原理。

3. 掌握回弹法测定混凝土抗压强度、使用钢筋检测仪测定钢筋位置和保护层厚度的试验数据处理方法。

能力目标

1. 能用回弹仪测定混凝土的抗压强度，熟练使用钢筋检测仪测定钢筋位置和保护层厚度。

2. 能够分小组试验，通过情境化的任务学习解决工程实际问题。

3. 能够正确填报试验数据，并对试验数据进行分析和质量评定。

素质目标

1. 具备解决试验中出现的问题的能力，能够持续学习新的试验技术和仪器。

2. 分工有序，能够与其他团队成员进行合作和沟通。

3. 关注试验操作的规范性，并具备自我评估和优化的能力。

4. 严格记录，文明操作，遵守职业道德，具有社会责任感。

任务一 回弹法测定混凝土抗压强度

一、必备知识

回弹法测定混凝土抗压强度操作视频

回弹法是采用回弹仪的弹簧驱动重锤，通过弹击混凝土表面，并以重锤被反弹回来的距离（称回弹值指反弹距离与弹簧初始长度之比）作为强度相关指标来推算混凝土强度的一种方法。

1）回弹仪在使用前应进行率定试验，且应符合下列规定：

（1）率定试验应在室温 5 ~ 35 ℃的条件下进行。

（2）钢砧表面应干燥、清洁，并应固定地平放在刚度大的物体上。

（3）回弹值应取连续向下弹击三次的稳定回弹结果的平均值。

（4）率定试验应在四个方向分别进行，且每个方向弹击前，弹击杆应旋转 90°，每个方向的回弹平均值均应在 80 ± 2 的范围内。

2）回弹仪在检测前后，均应在钢砧上做率定试验，所得的回弹平均值应在 80 ± 2 的范围内。

3）混凝土强度批量进行检测，并应符合规定：对于混凝土生产工艺、强度等级均相同，原材料、配合比、养护条件基本一致且龄期相近的一批构件的检测应采用批量检测。按批量进行检测时，应随机抽取构件，抽检数量不宜少于同批构件总数的 30% 且不宜少于 10 件。当检验批构件数量不大于 30 个时，抽样构件数量可适当调整，但不得少于国家现行有关规定的最少取样数量。

4）单个构件的检测应符合下列规定：

（1）对于一般构件，测区数量不宜少于 10 个。当受检构件数量大于 30 个且不需提供单个构件推定强度或受检构件某一方向尺寸不大于 4.5 m 且另一方向尺寸不大于 0.3 m 时，每个构件的测区数量可适当减少，但不应少于 5 个。

（2）相邻两侧区的间距不应大于 2 m，测区离构件端部或施工边缘的距离不宜大于 0.5 m，且不宜小于 0.2 m。

（3）测区宜选在能使回弹仪处于水平方向的混凝土浇筑侧面。当不能满足这一要求时，也可选在使回弹仪处于非水平方向的混凝土浇筑表面或底面。

（4）测区宜布置在构件的两个可测面上，当不能布置在对称可测面上时，也可布置在同一可测面上，且应均匀分布。在构件的重要部位及薄弱部位应布置测区，并应避开预埋件。

（5）测区的面积不宜大于 0.04 m^2。

（6）测区表面应为混凝土原浆面，并应清洁、平整，不应有疏松层、浮浆、油污、涂层及蜂窝、麻面。

（7）对于弹击时产生颤动的薄壁、小构件，应进行固定。

二、任务描述

1. 任务资讯

受重庆宇翔置业有限公司的委托，重庆交院和瑞工程检测技术有限公司将对江津区幸福苑福城住宅小区 3# 楼工程的主体结构强度进行现场检测，评定其质量。主体墙壁的混凝土等级设计值为 40 MPa。

任务名称：回弹法检测混凝土构件抗压强度

任务描述：用回弹法对待检混凝土构件进行强度检测，采集混凝土材料强度初始数据，并进行数据的处理及混凝土强度推定等，评定其质量，完成任务相关表格。

任务周期：1 天。

接受任务后，查询有关资料，完成以下任务：

（1）填写试验任务委托单（表 6-1-1）。

（2）编制试验总体方案。

（3）熟悉物料清单和成本核算。

（4）按规范进行试验操作。

（5）填写试验相关报告及表格。

表 6-1-1　混凝土抗压强度检测试验任务委托单

工程编码：　　　　　　　　　　　　　　委托单编号：

委托单位		建设单位	
施工单位		见证单位	
委托人及电话		见证人及电话	
工程名称	江津区幸福苑福城住宅小区 3# 楼	见证号	20××××
工程地址	重庆市江津区双福新区祥福大道	监督员及电话	
委托日期	2024.×.×	监督单位	
检验检测类别	☐ 普通送检　☐ 常规见证送检　☐ 监督抽检　☐ 执法抽检　☑ 其他		
工程编码	01××××	监督编号	××××××
混凝土抗压强度设计值			
以下内容由委托单位按要求填写清楚或根据需要选择以下项目（请√）			
报告领取	☑ 凭委托书前台领取　☐ 快递（到付）　报告份数默认为一式 3 份（需更改为一式　份）		
检测依据	☑《回弹法检测混凝土抗压强度技术规程》（JGJ/T 23-2011） ☐《高强混凝土强度检测技术规程》（JGJ/T 294-2013） ☐《钻芯法检测混凝土强度技术规程》（JGJ/T 384-2016） ☐《超声回弹综合法检测混凝土抗压强度技术规程》（T/CECS 02-2020）		

（续表）

检测参数	□ 水泥混凝土抗压强度
检测方法	☑ 回弹法　□ 钻芯法　□ 超声回弹法
工程部位	墙体
送检双方确认	☑ 委托方保证所提供的相关信息与资料的真实性，并承担相应责任，并同意支付检测费用和提供必要的检测协助 ☑ 样品符合标准或规范要求。检测完成后残余样品处理方式：☑ 不退样　□ 退样 样品接收员签名：　　　日期：　　年　月　日 送样人员签名：　　　日期：　　年　月　日
合同评审	本公司现有资源：☑ 满足客户要求　　□ 不满足客户要求，不能接收委托
说明	1. 委托方对送检样品的真实性负责，检测结果只对来样负责；2. 凭委托单查取报告；3. 见证送样（监督送样）时必须提供相关的见证记录（监督抽检通知书），并由见证员（监督员）在委托书上签名；4. 委托时需提供质保书 / 出厂合格证等产品质量证明文件；5. 若对报告有异议，应于收到报告之日起 15 日内，以书面形式向检测单位提出，逾期视为对报告无异议；6. 需退回检测后的残余样品的请在委托时标识好；7. 检测报告用于验收时，委托时必须有监督登记号；8. 委托单填错时，请更改者用杠改法并签名确认
备注	

明确小组内部角色分工，填写表 6–1–2。

表 6–1–2　角色分工

任务：				
序号	角色	职责	人员	备注
1	组长	协调内部分工和进度		
2	资料员	资料整理		
3	技术员	控制检测流程		
4	检测员	配合组长执行任务		

2. 试验仪器

（1）混凝土回弹仪（ZC3–A 型）（图 6–1–1）。

（2）酚酞酒精溶液，浓度为 1%。

（3）钢砧（图 6–1–2）。

（4）其他：卷尺、钢尺、凿子、锤、毛刷。

图 6-1-1　ZC3-A 型混凝土回弹仪

图 6-1-2　钢砧

三、任务实施

1. 制订计划

1）仪器设备

查找试验用仪器设备，完成表 6-1-3。

表 6-1-3　仪器设备

序号	主要仪器	备注	辅助仪器	备注
1				
2				
3				
4				
5				
6				

2）测区规划

将测区横距及状态规划填入表 6-1-4。

表 6-1-4　测区规划

测区编号	横距	状态
1		
2		
3		
4		
5		

3）人员分工

完成任务人员分工，填写表 6–1–5。

表 6–1–5　人员分工

序号	计划内容	人员	备注
1	混凝土构件准备		
2	水电安全检查		
3	仪器设备准备		
4	仪器设备状态检查		
5	检测人员		
6	记录人员		
7	复核人员		

2. 决策

1）简述回弹法检测混凝土抗压强度的原理。

2）查阅试验规程，简述碳化深度值的测定方法。

3）小组讨论确定本组试验工作流程。

3. 试验

1）试验前的准备工作

回弹仪在使用前应进行率定试验，如图 6-1-3 所示，且应符合相关规定。

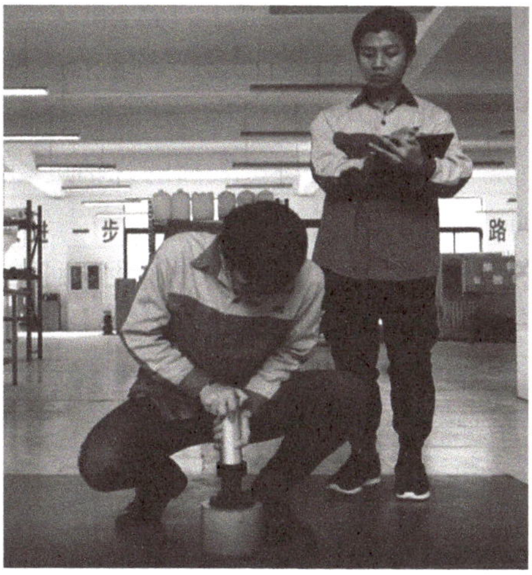

图 6-1-3　率定试验

2）试验步骤

（1）回弹值的测量

测量回弹值时，回弹仪的轴线应始终垂直于混凝土检测面，并应缓慢施压、准确读数、快速复位，如图 6-1-4 所示。对于一般构件，测区数量不宜少于 10 个。每一测区应读取 16 个回弹值，每个测点的回弹值读数应精确至 1 MPa，测点宜在测区范围内均匀分布，相邻两测点的净距离不宜小于 20 mm；测点距外露钢筋、预埋件的距离不宜小于 30 mm；测点不应在气孔或外露石子上，同一测点应只弹击一次。

图 6-1-4　回弹值测定

（2）碳化深度值的测量

回弹值测量完毕后，应在有代表性的测区上测量碳化深度值，测点数不少于构件测区数的 30%，应取测量结果的平均值作为该构件的每个测区的碳化深度值。

碳化深度值的测量应符合下列规定：

① 可采用工具在测区表面形成直径约为 15 mm 的孔洞，其深度应大于混凝土的碳化深度。

② 应清除孔洞中的粉末和碎屑，且不得用水擦洗。

③ 应采用浓度为 1% ~ 2% 的酚酞酒精溶液滴在孔洞内壁的边缘处，当已碳化与未碳化界限清晰时，应采用碳化深度测量仪测量已碳化与未碳化混凝土交界面到混凝土表面的垂直距离，并应测量 3 次，每次读数应精确至 0.25 mm。

④ 应取 3 次测量的平均值作为检测结果，并应精确至 0.5 mm。

3）试验过程中的注意事项

（1）确保混凝土表面的光洁度。混凝土表面凹凸不平会影响回弹仪的反弹，从而影响测试结果。

（2）确保回弹仪的准确性。回弹仪的弹性和重量会影响测试结果，因此需要确保回弹仪的准确性，并进行校准。

（3）测区的选择。测区应该避免选在混凝土表面存在明显缺陷、彩色斑点或者锈迹的位置，以免影响测试结果。

4）试验后的处理步骤

（1）回弹值计算

计算测区平均回弹值时，应从该测区的 16 个回弹值中剔除 3 个最大值和 3 个最小值，其余的 10 个回弹值按式（6–1）计算。

$$R_m=\frac{\sum_{i=1}^{n} R_i}{10} \tag{6-1}$$

其中，R_m 为测区平均回弹值，精确至 0.1；R_i 为第 i（i=1，2，…，n）个测点的回弹值。

（2）非水平方向修正

当回弹仪为非水平方向且测试面为混凝土的非浇筑侧面时，应先对回弹值进行角度修正，并应对修正后的回弹值进行浇筑面修正。非水平方向检测混凝土浇筑面时，测区的平均回弹值应按式（6–2）修正。

$$R_m=R_{m\alpha}+R_{a\alpha} \tag{6-2}$$

其中，$R_{m\alpha}$为非水平方向检测时测区的平均回弹值，精确至 0.01；$R_{a\alpha}$为非水平方向检测时回弹值修正值，查表可得。

（3）不同浇筑面修正

水平方向检测混凝土浇筑表面或底面时，测区的平均回弹值按式（6–3）及式（6–4）修正。

$$R_m=R_m^t+R_a^t \tag{6-3}$$

$$R_m=R_m^b+R_a^b \tag{6-4}$$

其中，R_a^b、R_a^t分别为水平方向检测混凝土浇筑表面、底面时，测区的回弹平均值；R_m^b、R_m^t分别为混凝土浇筑表面、底面回弹值的修正值，查表可得。

（4）混凝土强度换算

构件第 i 个测区混凝土强度换算值，可根据所求得的平均回弹值（R_m）及碳化深度值（d_m），查表计算得出。

构件的测区混凝土强度平均值应根据各测区的混凝土强度换算值计算。当测区数为

10个及以上时，还应计算强度标准差。平均值及标准差分别应按式（6–5）、式（6–6）计算。

$$m_{f^c_{cu}} = \frac{\sum_{i=1}^{n} f^c_{cu,i}}{n} \tag{6–5}$$

$$S_{f^c_{cu}} = \sqrt{\frac{\sum_{i=1}^{n} (f^c_{cu,i})^2 - n(m_{f^c_{cu}})^2}{n-1}} \tag{6–6}$$

其中，$f^c_{cu,i}$为测区的第 i（i=1，2， …，n）个测点的混凝土强度值。$m_{f^c_{cu}}$为构件测区混凝土强度换算值的平均值（MPa）精确至 0.1 MPa；n 为对于单个检测的构件，取该构件的测区数；$S_{f^c_{cu}}$为结构或构件测区混凝土强度换算值的标准差（MPa），精确至 0.01 MPa。

构件的现龄期混凝土强度推定值应符合下列规定：

① 当构件测区数少于 10 个时，按式（6–7）计算。

$$f_{cu,e} = f^c_{cu,\min} \tag{6–7}$$

② 当构件的测区的强度值之中出现小于 10.0 MPa 的值时，构件的现龄期混凝土强度推定值亦取小于 10.0 MPa，即

$$f_{cu,e} < 10.0\ \text{MPa}$$

③ 当构件测区数不少于 10 个时，应按式（6–8）计算。

$$f_{cu,e} = m_{f^c_{cu}} - 1.645 S_{f^c_{cu}} \tag{6–8}$$

④ 当批量检测时，应按式（6–9）计算。

$$f_{cu,e} = m_{f^c_{cu}} - k S_{f^c_{cu}} \tag{6–9}$$

其中，k 为推定系数，宜取 1.645。当需要推定区间时，可按国家现行有关标准的规定取值。

5）数据记录及小结

（1）根据试验结果记录试验数据，填写表 6–1–6 及表 6–1–7。

（2）试验小结。

表 6-1-6　回弹值及碳化深度原始数据记录

测区编号	回弹值																	碳化深度（mm）
	1	2	3	4	5	6	7	8	9	10	11	12	13	14	15	16	平均值	
1																		
2																		
3																		
4																		
5																		
6																		
7																		
8																		
9																		
10																		

表 6-1-7　回弹法检测混凝土抗压强度记录

样品描述			编号		试验依据					
主要仪器设备										
测区检测项目		1	2	3	4	5	6	7	8	9	10
回弹值	测区平均值										
	角度修正值										
	角度修正后										
	浇筑面修正值										
	浇筑面修正后										
强度值换算值 f_{cu}^{c}（N/mm^2）											
强度值推定值（N/mm^2） $f_{cu,e}$=		平均值 $m_{f_{cu}^{c}}$=			标准差 $S_{f_{cu}^{c}}$=			最小值 $f_{cu,\min}^{c}$=			
备注：											

4. 控制

1）明确检测注意事项及责任分工，填写表 6–1–8。

表 6–1–8　检测注意事项及责任分工

序号	检测注意事项	检测人员	备注

2）小组讨论分析试验失误产生原因及预防措施，填写表 6–1–9。

表 6–1–9　失误分析

序号	试验失误	产生原因	预防措施

四、任务评价

1. 小组复盘

各小组根据本组试验情况进行自评及复盘，并填写表 6–1–10。

表 6–1–10　小组复盘

班级		组别		日期		
序号	考评项目	考评要点	考评方法	应得分	实得分	问题说明
1	信息检索	（1）能有效利用网络资源、工作手册查找有效信息 （2）能将查找到的信息有效转换到工作中	能查找有效信息得 2 分，能将信息有效转换到工作中得 3 分	5		
2	职业素养	（1）团结协作 （2）自主试验，没有抄袭 （3）时间观念强，不迟到、早退、旷课	有效团队协作得 5 分，自主试验得 5 分，遵守纪律得 5 分，迟到早退一次扣 5 分，旷课一次扣 10 分，扣完为止	15		

（续表）

序号	考评项目	考评要点	考评方法	应得分	实得分	问题说明
3	水泥面准备	（1）清洁测试表面 （2）测区布设正确	测试表面未清洁扣2分，测区布设不正确一处扣2分，扣完为止	10		
4	碳化深度测定	操作正确，规范	操作错误一处扣2分，扣完为止	10		
5	回弹值测量	操作符合要求	回弹值测定步骤错误一处扣5分，扣完为止	25		
6	读数与数据处理	（1）读数准确 （2）计算准确 （3）质量评定正确	读数错误一处扣5分，计算错误一处扣5分，质量评定错误扣10分，扣完为止	25		
7	报告规范	（1）书写工整，无错别字 （2）按时完成，无错误	书写不规范一处扣2分，错误一处扣2分，不按时完成扣5分，扣完为止	10		
自评分数						
有益的经验和做法						
改进措施						

2. 教师评价

教师按照评分标准对各小组进行任务工作过程总评，填写表6–1–11。

表6–1–11　任务工作过程总评

班级			组名		成员姓名		
出勤情况							
评价指标		评价要素		分数	评分明细		评分
一	信息	口述任务内容并分组分工	1. 表述仪态自然、吐字清晰	5	表述仪态不自然或吐字模糊扣1分		
			2. 表述思路清晰、层次分明、准确，分组分工明确		表述思路模糊或层次不清扣2分，分工不明确扣2分		

（续表）

评价指标		评价要素		分数	评分明细	评分
二	计划	根据试验规范制订相关计划	1. 分析试验关键点准确	8	表述思路或层次不清一处扣 2 分	
			2. 制订计划及清单清晰合理		计划及清单不合理一处扣 2 分	
三	决策	选择试验实施方法、设计步骤	1. 试验实施方法	8	一处错误扣 1 分，扣完为止	
			2. 试验实施步骤			
四	实施	试验准备	1. 试验环境（温度、湿度）	5	每漏一项扣 1 分	
			2. 安全检查（水、电）		没有检查扣 1 分	
			3. 试验主要仪器		实操期间缺失扣 2 分	
		操作	1. 正确选用仪器设备	5	选择错误一处扣 1 分，扣完为止	
			2. 查阅资料，正确选择试验参数	3	选择错误扣 1 分，扣完为止	
			3. 依据试验规范进行实训操作（得分依据试验检测评分表）	40	根据操作规范酌情扣分	
		现场	1. 在试验过程中保持干净整齐安全	5	每错一项扣 1 分，扣完此项配分为止	
			2. 试验仪器设备恢复整理，清洁卫生	5	每违反一项扣 1 分，扣完此项配分为止	
五	控制	质量控制	正确读取和计算试验参数并正确分析检测结果，进行质量评定	10	能正确读数并计算试验参数，能进行质量评定，错一项，扣 1 分，扣完为止	
六	评价	工作过程评价	1. 合理自评	3		
			2. 合理互评	3		
合计				100		
提出改进措施						

任务二 钢筋位置和保护层厚度检测

一、必备知识

在钢筋混凝土的设计和施工中，钢筋材料对结构及构件中大部分拉应力具有较大的承载作用，并且受拉钢筋多设置在混凝土构件受拉侧边缘，以确保其最大承载拉应力效果。因此，在混凝土结构或构件中，钢筋保护层的厚度过大或过小都会对其在结构或构件中的拉应力承载性能造成影响，可能引起钢筋表面混凝土剥落、钢筋锈蚀，也可能对混凝土性能及结构体系的稳定性造成破坏，引起工程质量问题。

钢筋混凝土保护层厚度检测方法一般有两种：非破损检测和局部破损性检测。非破损检测不会破坏保护层的结构且检测速度快；局部破损性检测会对部分保护层结构造成破坏，使保护层不再完整，可能会影响到保护层的安全性能且检测速度慢，但是检测结果比非破损检测精准。因此，也可对钢筋混凝土保护层厚度的检测先采用非破损方法快速得出结果，然后采用局部破损方法得出精准的数据，校准结果。

《混凝土结构工程施工质量验收规范》(GB 50204–2015)附录 E 中规定：钢筋保护层厚度检验的结构部位，应由监理(建设)、施工等各方根据结构构件的重要性共同审定；对梁、板类构件，应各抽取构件数量的 2% 且不少于 5 个构件进行检验。当有悬挑构件时，抽取的构件中悬挑类构件所占比例不宜小于 50%。对选定的梁类构件，应对全部纵向受力钢筋的保护层厚度进行检测；对选定的板类构件，应对少于 6 根纵向受力钢筋的保护层的厚度进行检测。

二、任务描述

1. 任务资讯

受重庆交通职业学院的委托，重庆交院和瑞工程检测技术有限公司需对重庆交通职业学院路桥施工模拟楼 1 号墙壁进行钢筋位置和保护层厚度检测，评定其质量。该楼主体完工，建筑面积 2 528.6 m^2。检测部位位于一层 1 号墙，A–B 轴 /5–6 轴之间，设计保护层厚度 25 mm，钢筋直径与间距为 ϕ8@200。

任务名称：钢筋位置和保护层厚度检测。

任务描述：用钢筋检测仪对学校施工模拟现场 1 号墙壁进行检测，测定出钢筋位置和保护层厚度，并绘制出钢筋位置示意图，完成任务相关表格。

任务周期：1 天。

接受任务后，查询有关资料，完成以下任务：

(1) 填写试验任务委托单(表 6–2–1)，并进行试验分工。

(2) 编制试验总体方案。

(3) 熟悉物料清单和成本核算。

（4）按规范进行试验操作。

（5）填写试验相关检测报告及表格。

表 6-2-1　钢筋位置和保护层厚度检测试验任务委托单

委托单位		建设单位	
施工单位		见证单位	
委托人及电话		见证人及电话	
工程名称	路桥施工模拟现场	见证号	20××××
工程地址	重庆市江津区双福新区祥福大道	监督员及电话	
委托日期	2024.×.×	监督单位	
检验检测类别	☐ 普通送检　☐ 常规见证送检　☑ 监督抽检　☐ 执法抽检　☑ 其他		
工程编码	01××××	监督编号	××××××
工程形象		建筑面积	
检测部位		设计保护层厚度	
钢筋直径与间距			
以下内容由委托单位按要求填写清楚或根据需要选择以下项目（请√）			
报告领取	☑ 凭委托书前台领取　☐ 快递（到付）　报告份数默认为一式 3 份（需更改为一式　份）		
检测依据	☑《混凝土中钢筋检测技术标准》（JGJT 152—2019） ☑《混凝土结构工程施工质量验收规范》（GB50204—2015）		
检测参数	☑ 钢筋位置　☑ 钢筋保护层厚度		
检测方法	☑ 电磁感应法		
工程部位	1# 墙		
送检双方确认	☑ 委托方保证所提供的相关信息与资料的真实性，并承担相应责任，并同意支付检测费用和提供必要的检测协助		
合同评审	本公司现有资源：☑ 满足客户要求　　☐ 不满足客户要求，不能接收委托		
说明	1. 委托方对送检样品的真实性负责，检测结果只对来样负责；2. 凭委托单查取报告；3. 见证送样（监督送样）时必须提供相关的见证记录（监督抽检通知书），并由见证员（监督员）在委托书上签名；4. 委托时需提供质保书 / 出厂合格证等产品质量证明文件；5. 若对报告有异议，应于收到报告之日起 15 日内，以书面形式向检测单位提出，逾期视为对报告无异议；6. 需退回检测后的残余样品的请在委托时标识好；7. 检测报告用于验收时，委托时必须有监督登记号；8. 委托单填错时，请更改者用杠改法并签名确认		
备注			

明确小组内部角色分工,填写表 6-2-2。

表 6-2-2　角色分工

任务:				
序号	角色	职责	人员	备注
1	组长	协调内部分工和进度		
2	资料员	资料整理		
3	技术员	控制检测流程		
4	检测员	配合组长执行任务		

2. 试验仪器

本任务试验仪器主要包括钢筋检测仪(如图 6-2-1 所示)、直尺、记号笔或粉笔等。

图 6-2-1　钢筋检测仪

三、任务实施

1. 制订计划

1)仪器设备

请查找试验规范完成试验用仪器设备准备,并填写表 6-2-3。

表 6-2-3　试验用仪器设备

序号	主要仪器	备注	辅助仪器	备注
1				
2				
3				
4				
5				
6				

2）测点规划

将测点横距及状态规划填入表 6–2–4。

表 6–2–4　测点规划

测点编号	横距	状态
1		
2		
3		
4		
5		

3）人员分工

完成任务人员分工，填写表 6–2–5。

表 6–2–5　人员分工

序号	计划内容	人员	备注
1	混凝土构件准备		
2	水电安全检查		
3	仪器设备准备		
4	仪器设备状态检查		
5	检测人员		
6	记录人员		
7	复核人员		

2. 决策

1）简述钢筋检测仪测定钢筋位置的原理。

2）查阅试验规程，简述使用钢筋检测仪测量钢筋保护层厚度的步骤。

3）小组讨论确定本组试验工作流程。

3. 试验

1）试验前的准备工作

（1）完成试验前仪器设备准备，填写表 6-2-6，保证结果的准确性。

表 6-2-6　仪器设备及工况描述

主要仪器设备及编号	
工况描述	

（2）清理工作：清除钢筋周围的脱落混凝土和其他杂物。

（3）检查钢筋表面质量：检查钢筋表面是否有铁锈、损伤和变形等问题，确保测量数据的准确性。

（4）确认钢筋规格：根据施工图确定测量的钢筋规格，并选择相应的测量工具。

2）试验步骤

（1）确定钢筋位置。

检测前，应先对钢筋探测仪进行预热和调零，调零时探头应远离金属物体。另外，检测前宜结合设计资料了解钢筋布置状况。检测时，应避开钢筋接头和绑丝，先对被测钢筋进行初步定位，将探头有规律地在检测面上移动，直至钢筋探测仪显示接收信号最强或保护厚度值最小，此时探头中心线与钢筋轴线基本重合，在相应位置做好标记。按上述步骤将相邻的其他钢筋逐一标出。

（2）读取混凝土保护层厚度。

钢筋位置确定后，设定钢筋探测仪量程范围及钢筋公称直径，沿被测钢筋轴线选择相邻影响较小的位置，并应避开钢筋接头和绑丝，读取第 1 次检测指示混凝土保护层厚度值。再对同一根钢筋的同一处进行第 2 次检测，读取第 2 次检测指示保护层厚度值。

（3）求平均值。

当同一处读取的 2 个混凝土保护层厚度值相差不大于 1 mm 时，取两次检测数据的平均值为保护层厚度值，精确至 1 mm；当同一处读取的 2 个混凝土保护层厚度值相差大于 1 mm 时，该组检测数据无效，并查明原因，在该处重新进行两次检测。仍不满足要求时，应更换钢筋探测仪或采用局部开槽（局部破损法）方法验证。当实际混凝土保护层厚度值小于钢筋探测仪最小示值时，应采用在探头下附加垫块的方法进行检测。

3）试验过程中的注意事项

（1）检测表面应平整，以提高检测精度。

（2）探头应匀速稳定前进，避免检测时被测钢筋相反方向移动。

（3）在测试前要判明钢筋的分布状态，避免钢筋之间的信号互相干扰。

（4）需要准确设置钢筋直径，因为不同直径的钢筋对探头的响应不同。

（5）注意选择合适的量程，以提高检测精度。

（6）在测试过程中，应定期进行探头复位，消除各种误差。

4）试验后的处理步骤

钢筋的混凝土保护层厚度平均检测值应按式（6–10）计算：

$$C_{m,i}^{t}=\frac{C_1^t+C_2^t+2C_c-2C_0}{2} \tag{6–10}$$

其中，$C_{m,i}^{t}$为第 i 测点混凝土保护层厚度平均检测值，精确至 1 mm；C_1^t、C_2^t分别为第 1、2 次检测的混凝土保护层厚度检测值，精确至 1 mm；C_c 为混凝土保护层厚度修正值，精确至 0.1 mm，当没有钻孔剔凿验证时，取 0；C_0 为探头垫块厚度，精确至 0.1 mm；不加垫块时取 0。

检测钢筋间距时，可根据实际需要采用绘图方式给出结果。当同一构件检测钢筋不少于 7 根钢筋（6 个间隔）时，也可给出被测钢筋的最大间距、最小间距，并按式（6–11）计算钢筋平均间距：

$$S_{m,i}=\frac{\sum_{i=1}^{n}S_i}{n} \tag{6–11}$$

其中，$S_{m,i}$为钢筋平均间距，精确至 1 mm；S_i 为第 i（i=1，2，…，n）个钢筋间距，精确至 1 mm。

5）数据记录及小结

（1）记录试验数据，完成表 6–2–7。

表 6–2–7　钢筋保护层厚度及钢筋间距检测现场记录

<table>
<tr><td colspan="2">试验依据</td><td colspan="2"></td><td colspan="4">钢筋直径（mm）</td><td colspan="6"></td></tr>
<tr><td colspan="2">检测日期</td><td colspan="2"></td><td colspan="4">设备编号</td><td colspan="6"></td></tr>
<tr><td colspan="2">构件描述</td><td colspan="12"></td></tr>
<tr><td rowspan="3">纵向钢筋
保护层厚度</td><td>钢筋编号</td><td colspan="2"></td><td colspan="2"></td><td colspan="2"></td><td colspan="2"></td><td colspan="2"></td></tr>
<tr><td>测值
（mm）</td><td></td><td></td><td></td><td></td><td></td><td></td><td></td><td></td><td></td><td></td></tr>
<tr><td>平均值
（mm）</td><td colspan="2"></td><td colspan="2"></td><td colspan="2"></td><td colspan="2"></td><td colspan="2"></td></tr>
</table>

横向钢筋保护层厚度	钢筋编号										
	测值（mm）										
	平均值（mm）										
纵向钢筋间距	钢筋编号										
	测值（mm）										
	平均值（mm）										
钢筋分布及间距示意图：											

（2）试验小结。

4. 控制

1）明确检测注意事项及责任分工，完成表 6–2–8。

表 6–2–8　检测注意事项及责任分工

序号	检测注意事项	检测人员	备注

2）小组讨论分析试验失误产生原因及预防措施，填写表 6–2–9。

表 6–2–9　试验失误分析

序号	试验失误	产生原因	预防措施

四、任务评价

1. 小组复盘

表 6–2–10　小组复盘

班级		组别		日期		
序号	考评项目	考评要点	考评方法	应得分	实得分	问题说明
1	信息检索	（1）能有效利用网络资源、工作手册查找有效信息 （2）能将查找到的信息有效转换到工作中	能查找有效信息得 2 分，能将信息有效转换到工作中得 3 分	5		
2	职业素养	（1）团结协作 （2）自主试验，没有抄袭 （3）时间观念强，不迟到、早退、旷课	有效团队协作得 5 分，自主试验得 5 分，遵守纪律得 5 分，迟到早退一次扣 5 分，旷课一次扣 10 分，扣完为止	15		

（续表）

序号	考评项目	考评要点	考评方法	应得分	实得分	问题说明
3	测点清洁	（1）试验环境符合要求 （2）选点正确	试验环境不满足要求扣 5 分，选点不正确扣 5 分	10		
4	钢筋位置检测	操作正确，规范	操作错误一处扣 5 分，扣完为止	20		
5	保护层厚度检测	操作符合规范要求	操作错误一处扣 5 分，扣完为止	20		
6	读数并计算平均值	（1）读数准确 （2）计算准确	读数错误一处扣 5 分，计算错误一处扣 5 分，扣完为止	20		
7	报告规范	（1）书写工整，无错别字 （2）按时完成，无错误	书写不规范一处扣 2 分，错误一处扣 2 分，不按时完成扣 5 分，扣完为止	10		
自评分数						
有益的经验和做法						
改进措施						

2. 教师评价

教师按照评分标准对各小组进行任务工作过程总评。

表 6-2-11　任务工作过程总评

<table>
<tr><td colspan="2">班级</td><td colspan="2"></td><td>组名</td><td></td><td>成员姓名</td><td></td></tr>
<tr><td colspan="2">出勤情况</td><td colspan="6"></td></tr>
<tr><td colspan="2">评价指标</td><td colspan="2">评价要素</td><td>分数</td><td colspan="2">评分明细</td><td>评分</td></tr>
<tr><td rowspan="2">一</td><td rowspan="2">信息</td><td rowspan="2">口述任务内容并分组分工</td><td>1. 表述仪态自然、吐字清晰</td><td rowspan="2">5</td><td colspan="2">表述仪态不自然或吐字模糊扣 1 分</td><td rowspan="2"></td></tr>
<tr><td>2. 表述思路清晰、层次分明、准确，分组分工明确</td><td colspan="2">表述思路模糊或层次不清扣 2 分，分工不明确扣 2 分</td></tr>
</table>

（续表）

二	计划	根据试验规范制订相关计划	1. 分析试验关键点准确	8	表述思路或层次不清一处扣2分	
			2. 制订计划及清单清晰合理		计划及清单不合理一处扣2分	
三	决策	选择试验实施方法、设计步骤	1. 试验实施方法	8	一处错误扣1分，扣完为止	
			2. 试验实施步骤			
四	实施	试验准备	1. 试验环境（温度、湿度）	5	每漏一项扣1分	
			2. 安全检查（水、电）		没有检查扣1分	
			3. 试验主要仪器		实操期间缺失扣2分	
		操作	1. 正确选用仪器设备	5	选择错误一处扣1分，扣完为止	
			2. 查阅资料，正确选择试验参数	3	选择错误扣1分，扣完为止	
			3. 依据试验规范进行实训操作（得分依据试验检测评分表）	40	根据操作规范酌情扣分	
		现场	1. 在试验过程中保持干净整齐安全	5	每错一项扣1分，扣完此项配分为止	
			2. 试验仪器设备恢复整理，清洁卫生	5	每违反一项扣1分，扣完此项配分为止	
五	控制	质量控制	正确读取和计算试验参数并正确分析检测结果，进行质量评定	10	能正确读数并计算试验参数，能进行质量评定，错一项，扣1分，扣完为止	
六	评价	工作过程评价	1. 合理自评	3		
			2. 合理互评	3		
合计				100		
提出改进措施						

参考文献

[1] 交通运输部公路科学研究院．公路工程质量检验评定标准 第一册 土建工程：JTG F80/1-2017[S]．北京：人民交通出版社，2017.

[2] 交通部公路司，中国工程建设标准化协会公路工程委员会．公路工程技术标准：JTG B01-2020[S]．北京：人民交通出版社，2020.

[3] 交通运输部公路科学研究院．公路路基路面现场测试规程 第一册 土建工程：JTG 3450-2019[S]．北京：人民交通出版社，2019.

[4] 交通运输部公路科学研究院．公路工程无机结合料稳定材料试验规程：JTG 3441—2024[S]．北京：人民交通出版社，2024.

[5] 交通运输部公路科学研究院．公路工程沥青及沥青混合料试验规程：JTG E20—2011[S]．北京：人民交通出版社，2011.

[6] 交通运输部公路科学研究院．公路工程水泥及水泥混凝土试验规程：JTG 3420—2020[S]．北京：人民交通出版社，2020.

[7] 交通运输部公路科学研究院．公路土工试验规程：JTG 3430—2020[S]．北京：人民交通出版社，2020.

[8] 交通运输部公路科学研究院．公路工程集料试验规程：JTG 3432—2024[S]．北京：人民交通出版社，2024.

[9] 长安大学．公路桥梁荷载试验规程：JTG/T J21-01—2015[S]．北京：人民交通出版社，2015.

[10] 白福祥，韩仁海．道路与铁路工程试验检测技术[M]．北京：人民交通出版社，2016.

[11] 邓超，吴继峰．桥梁现场检测[M]．北京：人民交通出版社，2015.

[12] 张小利．路基路面试验与检测[M]．北京：人民交通出版社，2014.

[13] 金桃，张美珍．公路工程检测技术[M]．北京：人民交通出版社，2019.

[14] 周烨，赵同峰．路基路面试验与检测[M]．北京：人民交通出版社，2019.

[15] 张超，支喜兰．公路水运工程试验检测专业技术人员职业资格考试用书 道路工程[M]．北京：人民交通出版社，2016.

[16] 蒋玲．道路建筑材料检测与应用[M]．北京：机械工业出版社，2015.

[17] 谢松平．公路工程检测技术[M]．北京：机械工业出版社，2020.

[18] 中交路桥技术有限公司．公路沥青路面设计规范：JTG D50—2017[S]．北京：人民交通出版社，2017.

[19] 武恒,吕悦孝. 工程检测与试验[M]. 北京: 中国林业出版社, 2018.
[20] 王愉龙. 公路检测技术[M]. 北京: 中国林业出版社, 2019.
[21] 董连成,宋高嵩. 公路工程检测技术[M]. 北京: 中国林业出版社, 2020.
[22] 谢松平. 公路工程检测技术[M]. 北京: 机械工业出版社, 2020.
[23] 孙舒,贺新春. 路桥工程检测技术[M]. 北京: 机械工业出版社, 2020.